POURQUOI EST-IL URGENT DE MODIFIER LA CONSTITUTION ?

Gérard-David Desrameaux

POURQUOI EST-IL URGENT DE MODIFIER LA CONSTITUTION?

Éthique Civisme et Politique

© 2022 - Gérard-David Desrameaux -
Éthique Civisme et Politique

Édition : BoD – Books on Demand, info@bod.fr
Impression : BoD - Books on Demand, In de Tarpen 42,
Norderstedt (Allemagne)
Impression à la demande.

ISBN : 978-2-3224-5481-5

Dépôt légal : novembre 2022

Avant-propos

L'auteur reproduit dans cet essai le texte d'un projet de constitution qu'il avait élaboré dès 2016 et publié dans un précédent essai, *Refondons nos institutions, d'une monarchie républicaine à une démocratie républicaine*[1].

Ce projet prend appui sur la Constitution de 1958, actuellement en vigueur, pour proposer une version présidentielle et non plus présidentialiste de nos institutions.

Il s'agit en effet de tirer les enseignements de plus de soixante ans d'une pratique constitutionnelle et d'une vie politique se caractérisant par un parlementarisme rationalisé à l'excès associé à une crise de la représentation nationale et à une lecture présidentialiste de notre Constitution.

L'auteur est en effet persuadé, au terme de plus de soixante quatre années d'existence que les institutions de la Ve République méritent

---

1. Gérard-David Desrameaux, *Refondons nos institutions, d'une monarchie républicaine à une démocratie républicaine*, Paris, Lanore, coll. « Essais politiques », 2016.

d'être améliorées sans qu'il soit nécessaire de donner le jour à une VIe République comme certains le préconisent avec le risque de voir renaître de ses cendres un régime d'assemblée et de confusion des pouvoirs.

Seul un régime présidentiel authentique adapté à notre pays permettra de redonner du souffle à nos institutions et à notre vie politique et démocratique.

L'auteur reprend ici pour l'essentiel, en les synthétisant, les arguments qu'il avait déjà développés dans l'essai précité ainsi que dans *De l'alternance au partage du pouvoir, faut-il changer nos modes de scrutin ?*[2]

Enfin, l'auteur insiste une fois de plus comme il le fait depuis de nombreuses années à travers ses divers écrits sur la nécessité de mettre un terme au clan contre clan en dégageant des majorités à géométrie variable, c'est-à-dire des majorités d'idée privilégiant ainsi une culture du consensus à celle de la guerre civile permanente.

____

2. Gérard-David Desrameaux, *De l'alternance au partage du pouvoir, faut-il en finir avec nos modes de scrutin ?* Paris, Éditions Bréal, 2017.

Pourquoi est-il urgent de modifier la Constitution de 1958 ?

« Il est désormais urgent de procéder à une modification importante de nos institutions et de notre façon de faire de la politique en substituant à la monarchie républicaine, concept développé par le professeur Maurice Duverger dans les années 1960, une démocratie républicaine. »

« Les pouvoirs du chef de l'État doivent demeurer pour l'essentiel ce qu'ils sont aujourd'hui. »

« Démocratiser nos institutions ne saurait être synonyme d'affaiblissement de l'autorité de l'État et de paralysie du pouvoir politique quel qu'il soit. »

« Passer de la monarchie républicaine à la démocratie républicaine impose en revanche, tout en revalorisant la fonction présidentielle en la débarrassant de tâches qui ne sont pas de son niveau ou de pratiques qui n'ont pas lieu d'exister et nuisent à son image, de construire un nouvel équilibre entre les pouvoirs publics (....) »

« Le président de la République ne peut et ne doit s'occuper de tout. Il n'a pas à intervenir en toutes choses et sur chaque sujet. Le chef de l'État devrait être chargé de l'essentiel et être en revanche déchargé de tâches subalternes. Tout ne doit pas, ne doit plus, en effet, remonter jusqu'à la plus haute autorité de l'État, celle-ci devant pouvoir se consacrer à l'essentiel et être la garante des choix fondamentaux exprimés par le peuple souverain à l'occasion de l'élection présidentielle. »

« C'est l'aspect "présidentialiste" qui est assurément le plus critiquable dans la pratique et l'usage qui est fait des institutions de la Ve République. Ce n'est pas, en revanche, l'affirmation d'un pouvoir présidentiel qui est condamnable en soi. »

« Ce sont les dérives et les distances prises à l'égard d'un régime présidentiel type, résultant aussi bien des textes constitutionnels que de la pratique, qui décrédibilisent nos institutions et les fragilisent. »

Le chef de l'État doit prendre de la hauteur

« Le chef de l'État doit prendre de la hauteur. Il lui faut fixer le cap, élaborer un projet pour le court, le moyen et le long terme. Il est nécessaire qu'à l'occasion du rendez-vous clé sous la Ve République qu'est l'élection du chef de l'État au suffrage universel direct, un objectif précis à atteindre soit défini. Il s'agit de proposer une vision claire de l'avenir, en d'autres termes, d'offrir un grand dessein aux Françaises et aux Français, aux électrices et aux électeurs.

Il s'agit moins d'apporter des réponses à toutes les questions qui se posent et de résoudre tous les problèmes qui ne manquent pas de s'additionner dans la vie d'une nation et d'un peuple, que d'indiquer une orientation et de donner du sens à un projet politique présenté par un candidat. »

« Il lui faut refuser d'entrer dans les détails de l'action politique menée au jour le jour. (...) La réduction de ses domaines d'intervention n'a pas pour objet de revenir à un président style IVe République, mais bien davantage, comme il a déjà été dit plus haut, de revaloriser la fonction et la dignité présidentielle, le chef de l'État devant être en charge de l'essentiel. »

« L'Homme d'État, à l'instar de la Raison d'État, même dans un État de droit, se doit d'être à l'abri des pressions des foules et des mouvements d'humeur le plus souvent incontrôlés et irrationnels. Trop de "choses" remontent jusqu'au président de la République. Le chef de l'État ne doit avoir en charge que les intérêts supérieurs de l'État, ce qui est au demeurant déjà beaucoup. Il doit tracer une voie, une orientation, il ne doit pas être un commentateur de l'actualité et *a fortiori* de sa propre action. Il ne doit pas avoir réponse à tout ni donner l'impression de tout faire ou de décider de tout. »

« La confusion des pouvoirs doit être écartée autant que faire se peut. La démocratie républicaine ne saurait se confondre avec les dérives d'une monarchie républicaine qui tend à conférer au chef de l'État des pouvoirs qui ne sont pas de son niveau.

Tout ne peut et ne doit remonter jusqu'au chef de l'État comme s'il devait intervenir en toute chose et sur tout point. On observera que, paradoxalement, en relevant le niveau d'intervention du chef de l'État et en le déchargeant de certaines missions qui, manifestement, ne devraient pas être de son ressort, on rehausse la fonction présidentielle et la dignité du chef de l'exécutif. »

« Encore une fois, un candidat à la plus haute magistrature de l'État ne doit pas avoir réponse à tout. Un tel candidat doit être jugé en fonction de son aptitude au commandement, de sa capacité à exercer la fonction de chef de l'État, à dépasser les passions individuelles, à arbitrer entre des choix difficiles. En revanche, quand un candidat à l'élection présidentielle, à l'instar de François Mitterrand en 1981, prend position sur la peine de mort, il y a là un sens, une signification d'une tout autre ampleur car il s'agit d'une proposition chargée de sens et d'une vision de la société souhaitée. »

Un régime présidentiel, source d'équilibre des pouvoirs

« Les réformes constitutionnelles présentées tant par les divers candidats à l'élection présidentielle que par les principaux leaders politiques, à l'exception des adversaires résolus de la Ve République, manquent en général d'ambition et ne font preuve ni d'imagination, ni d'originalité. Leurs propositions sont généralement de nature cosmétique et relèvent plus du gadget que d'autre chose.

Beaucoup d'entre elles tentent de répondre à quelques préoccupations et attentes de l'opinion sans pour autant chercher à résoudre fondamentalement un dysfonctionnement majeur de notre vie politique et institutionnelle. »

En vérité, « il est nécessaire de procéder à une modification en profondeur des institutions de la Vᵉ République. La 25ᵉ révision de la Constitution doit procéder à des modifications importantes du texte fondateur de nos institutions sans qu'il soit pour autant nécessaire de changer le numéro de la République.

Il ne s'agit pas, en effet, de changer de République comme le préconisent notamment MM. Jean-Luc Mélenchon et Benoît Hamon, dont les projets de VIᵉ République s'apparentent trop, et peut-être de façon aggravée, à feu la IVᵉ République avec comme perspective un risque de retour à un régime de confusion des pouvoirs, à un régime d'assemblée. »

« La 25ᵉ révision constitutionnelle proposée doit permettre de quitter le présidentialisme dans lequel nous nous trouvons et mettre en place un véritable régime présidentiel selon un modèle français, tenant compte de notre histoire, de notre passé mais aussi prenant en compte notre vision de l'avenir.

24 réformes ont précédé celle que nous préconisons. La Constitution de 1958 a été au fil du temps profondément remaniée. La réforme 1962 instaurant l'élection du chef de l'État au suffrage universel direct est certainement l'une de celles qui ont eu le plus d'impact sur l'évolution de notre vie politique avec celle instaurant le quinquennat en 2000.

La dernière, celle de 2008, initiée par l'ancien président de la République, M. Nicolas Sarkozy, a également sensiblement modifié notre cadre institutionnel.

Pour autant, il faut aller plus loin. Désormais, il faut tirer les enseignements de la pratique institutionnelle telle qu'elle s'est manifestée depuis le début de la Ve République et accepter de prendre acte de l'impérieuse nécessité d'en améliorer le fonctionnement dans le sens d'un meilleur équilibre des pouvoirs, en d'autres termes, d'un meilleur partage du pouvoir.

La fin du camp contre camp et le choix d'un partage du pouvoir implique d'opter pour un réel régime présidentiel et d'abandonner le système "présidentialiste" que nous connaissons aujourd'hui, forme hybride de régime parlementaire et présidentiel. »

« Un régime présidentiel suppose une séparation plus stricte des pouvoirs. Un modèle français prenant appui sur la Constitution de 1958 est tout à fait concevable. Pour permettre le partage du pouvoir, il est indispensable d'obtenir un meilleur équilibre des pouvoirs. »

Les grands axes d'un projet de type présidentiel pourraient s'articuler autour des points suivants :

Une élection présidentielle à trois tours.

Les primaires organisées par certains partis politiques constituent une fausse bonne solution pour faire face au « trop plein » de candidatures en tentant de les départager.

En revanche, une élection présidentielle à trois tours paraît souhaitable afin de parfaire les modalités de la sélection du chef de l'État.

« Le système actuel, trop binaire dans son essence puisqu'il ne permet qu'aux deux seuls candidats arrivés en tête de se maintenir, sauf désistement de l'un d'entre eux, favorise trop le clan contre clan et conduit à la constitution prématurée de coalitions artificielles. »

Le système à trois tours proposé permet à tout candidat obtenant au moins 10% des suffrages exprimés de se maintenir en vue d'un deuxième tour. Si à l'issue du deuxième tour aucun candidat n'obtient la majorité absolue, il est alors prévu un troisième tour ouvert aux deux candidats arrivés en tête lors du deuxième tour.

Aussi, « l'élection du chef de l'État, dans le schéma proposé se fait dans le cadre d'une procédure prévoyant trois tours, le premier tour permettant de limiter le rôle des partis politiques et de favoriser des candidatures indépendantes, c'est-à-dire en dehors des partis et ainsi d'échapper à la vindicte de ceux qui brandissent l'épée de Damoclès au-dessus de la tête des candidats qui osent affronter ou braver le choix de tel ou tel parti, de tel ou tel leader, surtout. »

« Dans le cadre d'un système à trois tours, il faudrait prévoir en effet la possibilité pour des personnalités répondant à un certain nombre de critères et à un certain degré de représentativité de faire acte de candidature sans l'aval de la direction de forces politiques qui entendent presque toujours verrouiller le système et enfermer les citoyens dans un jeu trop stérile écrit à l'avance. »

Une fonction présidentielle revalorisée, comme il a déjà été indiqué précédemment.

Ainsi, le chef de l'État retrouvera la faculté d'exercer pleinement sa fonction arbitrale, fonction qui lui sied particulièrement bien en tant que gardien de la Constitution.

« Le président interviendrait prioritairement dans les domaines régaliens. Le président de la République, non seulement préside le Conseil des ministres, mais il le dirige. Il est le seul chef de l'exécutif qui cesse d'être bicéphale. Il est et demeure évidemment le chef des armées. »

Ses pouvoirs demeurent pour l'essentiel ceux qui sont aujourd'hui les siens. Sans se livrer à une liste exhaustive, rappelons notamment qu'il promulgue les lois (article 10), peut avoir recours au référendum (article 11), dissoudre le Parlement et non plus simplement l'Assemblée nationale, recourir à l'article 16 de la Constitution, adresser des messages au Parlement et prendre la parole devant le Parlement réuni en Congrès (article 18). Il conserve évidemment toutes ses compétences en matière de politique étrangère.

Il peut comme aujourd'hui saisir le Conseil constitutionnel et demeure garant de l'indépendance de l'autorité judiciaire. En revanche, les anciens présidents de la République ne peuvent plus être membres de droit du Conseil constitutionnel.

La suppression des fonctions de Premier ministre, simple corollaire de l'établissement d'un régime présidentiel.

La suppression de la responsabilité gouvernementale devant le Parlement, l'Assemblée nationale n'ayant plus le pouvoir de renverser le gouvernement à la différence de ce qui se fait dans le cadre d'un régime parlementaire.

L'institutionnalisation d'une fonction de ministre d'État.
Cette qualification serait désormais exclusivement réservée à un ministre chargé de coordonner sous la présidence du chef de l'État l'action de l'exécutif qui garderait le nom de gouvernement.

Il s'agirait d'une fonction administrative et non plus politique au sens étymologique du terme.

Le gouvernement est l'équipe du président de la République.
« Celui-ci ne tiendrait plus compte dans sa composition de la représentativité des courants de pensée, des groupes de pression, des collectivité territoriales, des sensibilités diverses et variées. Il ne s'agit pas de reproduire au sein du

gouvernement l'équilibre représenté au sein du Parlement. Il s'agit de deux pouvoirs indépendants et distincts. »

Une séparation des pouvoirs plus affirmée.
Celle-ci est la conséquence directe du choix d'un régime présidentiel. Dans le système proposé, le Parlement voit ses pouvoirs renforcés aussi bien en sa qualité de législateur que dans sa mission de contrôle du gouvernement.

L'élection présidentielle étant concomitante à celle des parlementaires et non plus antérieure, le risque de voir le Parlement subordonné est atténué et son indépendance assurée.

Choisir un système monocaméral avec deux types de parlementaires, les députés et les sénateurs.

« Les modes de scrutin pour l'élection des députés et des sénateurs sont constitutionnalisés. »
« Il s'agit en effet de dispositions majeures et il est donc légitime qu'elles soient fixées par la Constitution alors même que des dispositions moins importantes y figurent.

Une distinction est établie entre le mode de scrutin retenu pour les élections législatives et celui retenu pour les élections sénatoriales.

Pour les premières, le mode de scrutin est celui d'une authentique représentation proportionnelle s'exerçant dans le cadre national avec un seuil fixé à 5% pour disposer d'une représentation. Ce seuil ayant pour objectif d'éviter la multiplication des dissensions et éclatements des formations politiques et donc un émiettement constant de ces dernières.

Pour les secondes, c'est-à-dire pour les sénatoriales, le mode de scrutin proposé est un scrutin uninominal majoritaire à deux tours identique en fait au système actuellement en vigueur pour les élections législatives.

Ainsi, on observe que dans les deux cas, les parlementaires sont élus de façon plus démocratique. »

« En effet, aujourd'hui, l'une des chambres, l'Assemblée nationale, composée de députés, est élue au suffrage universel direct au scrutin majoritaire uninominal à deux tours.

Désormais, l'Assemblée nationale disparaît en tant qu'entité indépendante mais ses élus dénommés députés sont élus selon un mode de scrutin proportionnel intégral.

L'autre, le Sénat est actuellement élu au suffrage universel indirect. Désormais, cette chambre disparaît aussi en tant qu'entité indépendante mais ses élus dénommés sénateurs sont élus également au suffrage universel direct et au scrutin majoritaire à deux tours. »

« Dans les deux cas, il y a bien une avancée démocratique, dans le premier, grâce à un système de représentation plus proportionnel et dans le second grâce au recours au suffrage universel direct et non plus indirect comme c'est actuellement le cas. »

Une diminution drastique du nombre des parlementaires.

« Le Parlement compte aujourd'hui 577 députés et 348 sénateurs. Ces chiffres doivent être revus à la baisse pour des raisons d'efficacité, d'économie et surtout d'équilibre.

Il est permis d'espérer plus d'efficacité en évitant l'existence d'un Parlement pléthorique, un tel Parlement ne contribuant en rien à la clarté du débat et à la qualité des travaux. »

« Cette mesure, en outre, permet d'assurer un équilibre entre les deux catégories de parlementaires, le projet fixant le nombre de députés à trois cents et celui des sénateurs à trois cents également.

L'équilibre est aussi atteint par l'existence d'une représentation égalitaire en nombre entre les élus à la représentation proportionnelle (les députés) et ceux qui le sont au scrutin majoritaire à deux tours (les sénateurs). »

« L'équilibre réside également dans l'existence d'élus, les députés qui représentent davantage les courants de pensée, en d'autres termes les forces politiques, et d'autres, les sénateurs, qui sont essentiellement des élus de terrain puisque élus dans le cadre de circonscriptions territoriales un peu comme le sont aujourd'hui les députés.

Les sénateurs, dans ce schéma, ne représentent plus en droit les collectivités territoriales, mais dans les faits, ils assurent une représentation locale du corps électoral, au niveau national, c'est-à-dire au sein du Parlement. »

[La loi interdisant de très nombreux cumuls pourrait d'ailleurs être reconsidérée afin d'accepter certains cumuls pour les sénateurs qui ne devraient pas être déconnectés des réalités locales, communales, départementales et régionales.]

Des élections présidentielle, législatives et sénatoriales concomitantes

« La concomitance de l'élection présidentielle avec les élections législatives et sénatoriales est souhaitable afin de ne pas multiplier les rendez-vous électoraux échelonnés dans le temps qui finissent par "tétaniser" tout exécutif qui appréhende d'engager une réforme importante à la veille d'une élection nationale, comme d'une élection locale d'ailleurs, municipale, départementale ou régionale.

C'est la raison pour laquelle il conviendrait, parallèlement à la réforme des institutions proposée, de prévoir le regroupement de l'ensemble des élections locales afin de ne pas multiplier ces rendez-vous qui ne favorisent pas, contrairement à ce que l'on pourrait espérer, un grand moment de vie démocratique et de dialogue, mais plutôt une succession d'affrontements stériles, de polémiques inutiles et de déchirements.

S'agissant des trois élections nationales, l'élection présidentielle, les élections législatives et sénatoriales, il est possible de prévoir qu'elles s'étalent sur une période de six semaines selon le calendrier suivant, six semaines intégrant quinze jours de campagne officielle précédant le premier tour de l'élection présidentielle.

Le premier tour de l'élection présidentielle, précisément, serait jumelé avec les élections législatives (à un tour) et avec le premier tour des élections sénatoriales (à deux tours).

Le deuxième tour de l'élection présidentielle interviendrait quinze jours plus tard et serait jumelé avec le deuxième tour des élections sénatoriales.

Si aucun des candidats à l'élection présidentielle n'obtient la majorité absolue, autrement dit si aucun candidat n'est élu à l'issue du deuxième tour, un troisième tour est organisé quinze jours plus tard limité aux deux candidats qui, le cas échéant après retrait de candidats plus favorisés, se trouvent alors avoir recueilli le plus grand nombre de suffrages au deuxième tour. »

Une durée uniforme des mandats parlementaires.

« Sous réserve d'une dissolution ou de dissolutions anticipées, les députés et sénateurs sont élus pour une durée identique, à savoir cinq ans.

En cas de dissolution anticipée, les mandats des députés et sénateurs expirent en tout état de cause au terme de la législature commencée lors du renouvellement général du Parlement concomitant à l'élection du chef de l'État.

La concordance entre les diverses élections est ainsi maintenue, la dissolution devant garder en principe un caractère exceptionnel. [Voir articles 12,49 et 50 de la Constitution.]

L'objectif recherché est de permettre aux différentes institutions de la République, notamment à l'exécutif et au législatif d'exercer leurs pouvoirs dans une relative stabilité et cohésion.

Des solutions de sortie de crise sont prévues à l'article 50.

Dans l'hypothèse d'une crise importante entre l'exécutif et le législatif, le texte proposé prévoit quatre solutions en l'absence d'un accord portant sur un texte : le report de l'examen du texte, l'ajournement *sine die*, ce qui revient à l'abandon du projet litigieux, le recours au référendum et en dernier lieu la dissolution.

Ces choix étant à la discrétion du pouvoir exécutif, donc du chef de l'État.

Le projet ne tranche pas une question que l'on doit cependant poser expressément. Ne serait-il pas judicieux au vu de la pratique de nos institutions et en dehors de toute polémique de revenir partiellement sur la modification intervenue en 2008 quant à la restriction du recours à l'article 49-3 de la Constitution et à l'impossibilité pour le chef de l'État d'exercer plus de deux mandats consécutifs ?

Pour de plus amples précisions quant aux propositions formulées, je ne puis que recommander la lecture des ouvrages précités.

Avertissement

L'auteur s'est attaché pour l'essentiel, en partant du texte actuel de la Constitution à réécrire ici les articles dont une nouvelle rédaction était rendue nécessaire par l'adoption d'un système du type de celui qu'il propose, à savoir un système de type présidentiel, monocaméral, mais maintenant cependant deux types d'élus au sein du Parlement, les députés et les sénateurs, tenant davantage compte de la représentation des forces politiques et fondé sur un meilleur équilibre dans les rapports entre pouvoirs publics.

Il a procédé évidemment, par souci de cohérence et de lisibilité, à des modifications qualifiées « d'harmonisation » de très nombreux articles.

Ainsi, à titre d'exemple, eu égard à la disparition de la fonction de Premier ministre, chaque fois que cette expression figure dans le corps d'un article donné, celle de « président de la République » se substitue à elle.

Enfin, sous chaque article réécrit ou simplement modifié, l'auteur s'efforce dans le cadre d'observations à faire ressortir le sens ou la nature des modifications apportées.

Il arrive que sans procéder à certaines modifications qui ne s'imposent pas par la nature des réformes proposées, des suggestions soient cependant formulées quant à la pertinence ou non pour l'avenir du maintien de certaines dispositions, voire de leur remplacement, par d'autres dispositions. À côté de ces articles figure la mention **SUGGESTIONS** .

La mention **MODIFICATIONS** figurant à côté d'un article signifie que cet article a été modifié. Les modifications apparaissent en italique.

L'absence de mention signifie que l'article demeure inchangé.

TEXTE DE LA CONSTITUTION DE 1958 INTÉGRANT LES MODIFICATIONS PROPOSÉES

(Ainsi que les observations de l'auteur explicitant la nature et le sens desdites modifications)

Une Constitution républicaine et démocratique

Le gouvernement de la République, conformément à la loi constitutionnelle du 3 juin 1958, a proposé,

Le peuple français a adopté,

Le président de la République promulgue la loi constitutionnelle dont la teneur suit :

PRÉAMBULE

Le peuple français proclame solennellement son attachement aux Droits de l'homme et aux principes de la souveraineté nationale tels qu'ils ont été définis par la Déclaration de 1789, confirmée et complétée par le Préambule de la Constitution de 1946, ainsi qu'aux droits et devoirs définis dans la Charte de l'environnement de 2004.

En vertu de ces principes et de celui de la libre détermination des peuples, la République offre aux territoires d'outre-mer qui manifestent la volonté d'y adhérer des institutions nouvelles fondées sur l'idéal commun de liberté, d'égalité et de fraternité et conçues en vue de leur évolution démocratique.

ARTICLE I

La France est une République indivisible, laïque, démocratique et sociale. Elle assure l'égalité devant la loi de tous les citoyens sans distinction d'origine, de race ou de religion. Elle respecte toutes les croyances. Son organisation est décentralisée.

La loi favorise l'égal accès des femmes et des hommes aux mandats électoraux et fonctions électives, ainsi qu'aux responsabilités professionnelles et sociales.

TITRE I

DE LA SOUVERAINETÉ

ARTICLE 2

La langue de la République est le français.

L'emblème national est le drapeau tricolore, bleu, blanc, rouge.

L'hymne national est « la Marseillaise ».

La devise de la République est « Liberté, Égalité, Fraternité. »

Son principe est : gouvernement du peuple, par le peuple et pour le peuple.

ARTICLE 3 SUGGESTIONS

La souveraineté nationale appartient au peuple, qui l'exerce par ses représentants et par la voie du référendum.

Aucune section du peuple, ni aucun individu ne peut s'en attribuer l'exercice.

Le suffrage peut être direct ou indirect dans les conditions prévues par la Constitution. Il est toujours universel, égal et secret.

Sont électeurs, dans les conditions déterminées par la loi, tous les nationaux français majeurs des deux sexes, jouissant de leurs droits civils et politiques.

Observations :

Doit-on maintenir les termes « ou indirects » si l'on accepte le principe d'une élection des sénateurs au scrutin direct ? Oui, si l'on prend en considération les élections locales, l'exécutif de celles-ci étant désigné indirectement par le peuple puisque seuls les membres élus de ces différentes assemblées participent au vote.

ARTICLE 4

Les partis et groupements politiques concourent à l'expression du suffrage. Ils se forment et exercent leur activité librement. Ils doivent respecter les principes de la souveraineté nationale et de la démocratie.

Ils contribuent à la mise en œuvre du principe énoncé au second alinéa de l'article premier dans les conditions déterminées par la loi.

La loi garantit les expressions pluralistes des opinions et la participation équitable des partis et groupements politiques à la vie démocratique de la Nation.

TITRE II

LE PRÉSIDENT
DE LA RÉPUBLIQUE

ARTICLE 5

Le président de la République veille au respect de la Constitution. Il assure, par son arbitrage, le fonctionnement régulier des pouvoirs publics ainsi que la continuité de l'État.

Il est le garant de l'indépendance nationale, de l'intégrité du territoire et du respect des traités.

ARTICLE 6   SUGGESTIONS

Le président de la République est élu pour cinq ans au suffrage universel direct.

Nul ne peut exercer plus de deux mandats consécutifs.

Les modalités d'application du présent article sont fixées par une loi organique.

Observations :

Il paraît difficile de revenir sur la limitation à deux mandats consécutifs, cette mesure apparais-

sant comme une avancée démocratique. Pour autant, n'est-il pas regrettable de se priver de la possibilité de réélire un président « exceptionnel » ?[3]

ARTICLE 7   MODIFICATIONS

Le président de la République est élu à la majorité absolue des suffrages exprimés. Si celle-ci n'est pas obtenue au premier tour de scrutin, il est procédé, le quatorzième jour suivant, à un deuxième tour. Seuls peuvent s'y présenter les candidats ayant obtenu au moins dix pour cent des suffrages exprimés au premier tour. Si la majorité absolue n'est toujours pas obtenue, il est procédé le quatorzième jour suivant à un troisième tour. Seuls peuvent s'y présenter les deux candidats qui, le cas échéant après retrait des candidats plus favorisés, se trouvent alors avoir recueilli le plus grand nombre de suffrages au deuxième tour.

Le scrutin est ouvert sur convocation du gouvernement.

L'élection du nouveau président a lieu vingt jours au moins et trente-cinq jours au plus avant l'expiration des pouvoirs du président en exercice.

---

3. Voir les développements consacrés à ce sujet dans la partie II de l'essai précité, *Refondons nos institutions, d'une monarchie républicaine à une démocratie républicaine.*

En cas de vacance de la présidence de la République pour quelque cause que ce soit, ou d'empêchement constaté par le Conseil constitutionnel saisi par le gouvernement et statuant à la majorité absolue de ses membres, les fonctions du président de la République, à l'exception de celles prévues aux articles 11 et 12 ci-dessous, sont provisoirement exercées par le président du Parlement et, si celui-ci est à son tour empêché d'exercer ces fonctions, par le premier vice-président du Parlement..

En cas de vacance ou lorsque l'empêchement est déclaré définitif par le Conseil constitutionnel, le scrutin pour l'élection du nouveau président a lieu, sauf cas de force majeure constaté par le Conseil constitutionnel, vingt jours au moins et trente-cinq jours au plus après l'ouverture de la vacance ou la déclaration du caractère définitif de l'empêchement.

Si, dans les sept jours précédant la date limite du dépôt des présentations de candidatures, une des personnes ayant, moins de trente jours avant cette date, annoncé publiquement sa décision d'être candidate, décède ou se trouve empêchée, le Conseil constitutionnel peut décider de reporter l'élection.

Si, avant le premier tour, un des candidats décède ou se trouve empêché, le Conseil constitutionnel prononce le report de l'élection.

En cas de décès ou d'empêchement de l'un ou de plusieurs des candidats ayant obtenu un pourcentage de voix lui ou leur donnant accès au deuxième tour, le Conseil constitutionnel déclare qu'il doit être procédé de nouveau à l'ensemble des opérations électorales.

En cas de décès ou d'empêchement de l'un des deux candidats les plus favorisés au deuxième tour avant les retraits éventuels, le Conseil constitutionnel déclare qu'il doit être procédé de nouveau à l'ensemble des opérations électorales ; il en est de même en cas de décès ou d'empêchement de l'un des deux candidats restés en présence en vue du troisième tour.

Dans tous les cas, le Conseil constitutionnel est saisi dans les conditions fixées au deuxième alinéa de l'article 61 ci-dessous ou dans celles déterminées pour la présentation d'un candidat par la loi organique prévue à l'article 6 ci-dessus.

Le Conseil constitutionnel peut proroger les délais prévus aux troisième et cinquième alinéas sans que le scrutin puisse avoir lieu plus de trente-cinq jours après la date de la décision du

Conseil constitutionnel. Si l'application des dispositions du présent alinéa a eu pour effet de reporter l'élection à une date postérieure à l'expiration des pouvoirs du président en exercice, celui-ci demeure en fonction jusqu'à la proclamation de son successeur.

Il ne peut être fait application ni des articles 49 et 50 ni de l'article 89 de la Constitution durant la vacance de la présidence de la République ou durant la période qui s'écoule entre la déclaration définitive de l'empêchement du président de la République et l'élection de son successeur.

Observations :

Il y a là une modification significative de cet article et notamment de son premier alinéa puisqu'il introduit un troisième tour à l'élection présidentielle, le premier tour faisant en quelque sorte office d'élection primaire généralisée, les candidats ayant obtenu un pourcentage de voix supérieur à dix pour cent étant habilités à se maintenir en vue du deuxième tour. Un troisième tour étant prévu dans l'hypothèse où à l'issue du deuxième tour aucun des candidats en présence n'obtiendrait la majorité absolue.

Le seuil de dix pour cent paraît plus raisonnable, mais un seuil fixé à cinq pour cent devrait pouvoir être envisagé.

Une autre modification importante concerne le quatrième alinéa de l'article 7 portant sur l'intérim. Les dispositions actuellement en vigueur, prévoient que l'intérim est exercé par le président du Sénat et en cas d'empêchement de ce dernier par le gouvernement.

La modification préconisée prévoit que l'intérim est désormais exercé par le président du Parlement.

En revanche, en cas d'empêchement, à son tour, du président du Parlement, l'intérim devrait pouvoir être assuré par un premier vice-président du Parlement.

Enfin, une troisième modification porte sur les conséquences de l'empêchement ou du décès d'un ou plusieurs candidats à l'élection présidentielle. Il s'agit d'une simple modification d'adaptation liée au fait de l'existence non plus de deux tours mais de trois tours. Il ne s'agit donc pas d'une modification portant sur le fond.

ARTICLE 8 — MODIFICATIONS

Le président de la République nomme le ministre d'État et les autres membres du gouvernement. Il met fin à leurs fonctions.

Observations :

À la différence de l'actuel article 8, le chef de l'État ne nomme plus le Premier ministre, la fonction étant supprimée.

En revanche, il nomme un ministre d'État chargé de coordonner l'action du gouvernement sous son autorité. Il ne s'agit pas d'une fonction politique mais d'une fonction administrative. Une autre possibilité pourrait être de confier au secrétaire général du gouvernement cette mission de coordination. Toutefois cela nécessiterait de reconsidérer les fonctions, le rôle et la mission de l'actuel secrétariat général du gouvernement et pourrait complexifier les relations entre le gouvernement et le secrétariat général du gouvernement, ce qui ne répondrait pas à l'objectif souhaité.

C'est une piste qui pourrait cependant être envisagée à condition de procéder à certains aménagements.

En outre, le président de la République nomme et met fin aux fonctions des ministres librement alors qu'actuellement il est précisé que sur la proposition du Premier ministre, il nomme les autres membres du gouvernement et met fin à leurs fonctions.

ARTICLE 9 — MODIFICATIONS

Le président de la République préside le Conseil des ministres *et dirige le gouvernement.*

Observations :

L'article 9 de la Constitution précise que « Le président de la République préside le Conseil des ministres ».

La nouvelle rédaction ajoute « et dirige le gouvernement ».

Ce faisant, il s'agit d'insister sur le fait que le chef de l'État est le seul chef de l'exécutif, le gouvernement étant dirigé désormais directement par lui.

ARTICLE 10 — SUGGESTIONS

Le président de la République promulgue les lois dans les quinze jours qui suivent la transmission au gouvernement de la loi définitivement adoptée.

Il peut, avant l'expiration de ce délai, demander au Parlement une nouvelle délibération de la loi ou de certains de ses articles. Cette nouvelle délibération ne peut être refusée.

Observations :

L'article demeure inchangé.

On pourrait concevoir cependant d'introduire un droit de veto s'inspirant du modèle américain.

Cependant, si l'on souhaite aller vers une démocratisation des institutions, il ne paraît pas opportun d'avoir recours à ce dispositif dès lors que d'autres mécanismes institutionnels permettent au chef de l'État de résoudre certains conflits avec le Parlement (voir articles 49 et 50, notamment).

ARTICLE 11 — MODIFICATIONS

Le président de la République, sur proposition du gouvernement pendant la durée des sessions ou sur proposition du Parlement, publiée au journal officiel, peut soumettre au référendum tout projet de loi portant sur l'organisation des pouvoirs publics, sur des réformes relatives à la politique économique, sociale ou environnementale de la Nation et aux services publics qui y concourent, ou tendant à autoriser la ratification d'un traité qui, sans être contraire à la Constitution, aurait des incidences sur le fonctionnement des institutions.

Lorsque le référendum est organisé sur proposition du gouvernement, celui-ci fait devant le Parlement, une déclaration qui est suivie d'un débat.

Un référendum portant sur un objet mentionné au premier alinéa peut être organisé à l'initiative d'un cinquième des membres du Parlement, soutenue par un dixième des électeurs inscrits sur les listes électorales. Cette initiative prend la forme d'une proposition de loi et ne peut avoir pour objet l'abrogation d'une disposition législative promulguée depuis moins *de deux ans*.

Les conditions de sa présentation et celles dans lesquelles le Conseil constitutionnel contrôle le respect des dispositions de l'alinéa précédent sont déterminées par une loi organique.

Si la proposition de loi n'a pas été examinée par le Parlement dans un délai fixé par la loi organique, le président de la République la soumet au référendum.

Lorsque la proposition de loi n'est pas adoptée par le peuple français, aucune nouvelle proposition de référendum portant sur le même sujet ne peut être présentée avant l'expiration d'un délai de *cinq ans* suivant la date du scrutin.

Lorsque le référendum a conclu à l'adoption du projet ou de la proposition de loi, le président de la République promulgue la loi dans les quinze jours qui suivent la proclamation des résultats de la consultation.

Observations :

Un référendum portant sur un objet mentionné au premier alinéa peut être organisé à l'initiative d'un cinquième des membres du Parlement, soutenue par un dixième des électeurs inscrits sur les listes électorales. Les observateurs et analystes de la vie politique et institutionnelle font observer que ces conditions ajoutées à d'autres figurant dans cet article rendent difficiles la mise en œuvre de cette procédure.

Pour autant, il paraît souhaitable de remplacer l'expression « promulguée depuis moins d'un an » par l'expression « moins de deux ans ».

Le but de cette modification étant d'éviter une sorte d'instabilité législative et remise en cause trop fréquente des textes adoptés.

Pour les mêmes raisons, il paraît souhaitable, à l'alinéa 6, s'agissant du délai au cours duquel il ne peut être proposée au référendum une propo-

sition de loi portant sur le même sujet, de passer de deux à cinq ans.

On observera que le référendum ne peut porter sur le thème des libertés publiques. Étendre le recours à ce thème pourrait, on l'imagine, surtout dans des périodes de crises et de conflits, donner lieu à des dérives liberticides.

Il paraît donc préférable, à cet égard, de s'en tenir aux dispositions ajoutées par la révision constitutionnelle du 23 juillet 2008.

ARTICLE 12   MODIFICATIONS

Le président de la République peut, après consultation du gouvernement et du président du Parlement, prononcer la dissolution du Parlement.

Les élections générales ont lieu vingt jours au moins et quarante jours au plus tard après la dissolution.

Le Parlement se réunit de plein droit le deuxième jeudi qui suit son élection définitive. Si cette réunion a lieu en dehors de la période prévue pour la session ordinaire, une session est ouverte de droit pour une durée de quinze jours.

Il ne peut être procédé à une nouvelle dissolution dans l'année qui suit ces élections et dans l'année qui précède le terme normal de la législature.

Le Parlement élu à la suite des élections provoquées par une dissolution voit son mandat expirer au plus tard à la date de la fin normale de la législature.

Observations :

La référence au Premier ministre est supprimée.

La dissolution s'applique à l'ensemble du Parlement composé de députés et de sénateurs élus selon des modes de scrutin différents (voir article 24) alors qu'aujourd'hui elle ne s'applique qu'à l'Assemblée nationale.

L'adage « dissolution sur dissolution ne vaut » justifie la modification apportée au dernier alinéa de l'actuel article 12. Celui-ci est ainsi rédigé : « Il ne peut être procédé à une nouvelle dissolution dans l'année qui suit ces élections. » Le nouvel alinéa proposé est ainsi rédigé : « Il ne peut être procédé à une nouvelle dissolution dans l'année qui suit ces élections et dans l'année qui précède le terme normal de la législature. »

Un nouvel alinéa est introduit précisant que le Parlement élu à la suite des élections provoquées par une dissolution voit son mandat expirer au plus tard à la date de la fin normale de la législature car l'équilibre du système suppose le maintien autant que faire se peut de la coïncidence des

échéances électorales nationales, présidentielle, législatives et sénatoriales.

ARTICLE 13   MODIFICATIONS

Le président de la République signe les ordonnances et les décrets délibérés en Conseil des ministres.

Il nomme aux emplois civils et militaires de l'État.

Les conseillers d'État, le grand chancelier de la Légion d'honneur, les ambassadeurs et envoyés extraordinaires, les conseillers maîtres à la Cour des comptes, les préfets, les représentants de l'État dans les collectivités d'outre-mer régies par l'article 74 et en Nouvelle-Calédonie, les officiers généraux, les recteurs des académies, les directeurs des administrations centrales sont nommés en Conseil des ministres.

Une loi organique détermine les autres emplois auxquels il est pourvu en Conseil des ministres ainsi que les conditions dans lesquelles le pouvoir de nomination du président de la République peut être par lui délégué pour être exercé en son nom.

Une loi organique détermine les emplois ou fonctions, autres que ceux mentionnés au troisième alinéa, pour lesquels, en raison de leur importance pour la garantie des droits et libertés ou la vie économique et sociale de la Nation, le pouvoir de nomination du président de la République s'exerce après avis public de la commission permanente compétente *du Parlement*. Le président de la République ne peut procéder à une nomination lorsque les votes négatifs *de la commission* représentent au moins trois cinquièmes des suffrages exprimés. La loi détermine les commissions permanentes compétentes selon les emplois ou fonctions concernés.

Observations :
Modifications d'harmonisation.

ARTICLE 14

Le président de la République accréditc les ambassadeurs et les envoyés extraordinaires auprès des puissances étrangères ; les ambassadeurs et les envoyés extraordinaires étrangers sont accrédités auprès de lui.

ARTICLE 15

Le président de la République est le chef des armées. Il préside les conseils et comités supérieurs de la Défense nationale.

ARTICLE 16   **MODIFICATIONS**

Lorsque les institutions de la République, l'indépendance de la Nation, l'intégrité de son territoire ou l'exécution de ses engagements internationaux sont menacées d'une manière grave et immédiate et que le fonctionnement régulier des pouvoirs publics constitutionnels est interrompu, le président de la République prend les mesures exigées par ces circonstances après consultation officielle du *gouvernement et des présidents du Parlement et* du Conseil constitutionnel.

Il en informe la Nation par un message.

Ces mesures doivent être inspirées par la volonté d'assurer aux pouvoirs publics constitutionnels, dans les moindres délais, les moyens d'accomplir leur mission. Le Conseil constitutionnel est consulté à leur sujet.

Le Parlement se réunit de plein droit.

Le Parlement ne peut être dissout pendant l'exercice des pouvoirs exceptionnels.

Après trente jours d'exercice des pouvoirs exceptionnels, le Conseil constitutionnel peut être saisi *par le président du Parlement ou soixante parlementaires,* aux fins d'examiner si les conditions énoncées au premier alinéa demeurent réunies. Il se prononce dans les délais les plus brefs par un avis public. Il procède de plein droit à cet examen et se prononce dans les mêmes conditions au terme de soixante jours d'exercice des pouvoirs exceptionnels et à tout moment au-delà de cette durée.

Observations :

Il s'agit d'une simple modification d'harmonisation.

La consultation du Premier ministre n'est plus mentionnée du fait de la disparition de la fonction de Premier ministre.

Le texte en vigueur prévoit que l'Assemblée nationale ne peut être dissoute pendant l'exercice des pouvoirs exceptionnels. La nouvelle rédaction prévoit que le Parlement ne peut être dissout pendant la même période.

ARTICLE 17 — SUGGESTIONS

Le président de la République a le droit de faire grâce à titre individuel.

Observations :

La pertinence du maintien de cet article se pose, même si on peut en l'état le conserver. Quid, en effet, de son caractère monarchique ?

ARTICLE 18   **MODIFICATIONS**

Le président de la République communique avec *le Parlement* par des messages qu'il fait lire et qui ne donnent lieu à aucun débat.

Il peut prendre la parole devant le Parlement réuni à cet effet en Congrès. Sa déclaration peut donner lieu, hors sa présence, à un débat qui ne fait l'objet d'aucun vote.

Hors session, *le Parlement* est réuni spécialement à cet effet.

Observations :

La disposition introduite par la révision constitutionnelle de 2008 mérite d'être maintenue.

Au premier alinéa, l'expression « les deux assemblées » est remplacée par « le Parlement ».

Au troisième alinéa, l'expression « les assemblées parlementaires » est remplacée par l'expression « le Parlement ».

ARTICLE 19   **MODIFICATIONS**

Les actes du président de la République autres que ceux prévus aux articles 8 (1er alinéa), 11, 12, 16, 18, 54, 56 et 61 sont contresignés par *le ministre d'État* et, le cas échéant, par les ministres responsables.

Observations :

Un régime présidentiel n'interdit pas le maintien du contreseing même si la signification n'est plus la même que celle revêtue traditionnellement dans le cadre d'un régime parlementaire. Il s'agit désormais d'affirmer davantage l'unité de l'exécutif que de suppléer à l'irresponsabilité politique du président de la République.

Toutefois, à l'instar de ce que prévoient actuellement les dispositions de l'article 19, il n'y a pas obligation de contreseing s'agissant des actes les plus importants du chef de l'État qui s'apparentent à des actes de gouvernement.

Ces actes permettent au chef de l'exécutif d'accomplir pleinement ses fonctions telles que définies à l'article 5 de la Constitution.

TITRE III

LE GOUVERNEMENT

ARTICLE 20   **MODIFICATIONS**

Le gouvernement *sous l'autorité du président de la République* détermine et conduit la politique de la Nation.

Il dispose de l'administration et de la force armée.

Il est responsable devant le Parlement dans les conditions et suivant les procédures prévues aux articles 49 et 50.

Observations :

La responsabilité gouvernementale est la marque fondamentale d'un régime parlementaire.

Dans le cadre d'un régime présidentiel authentique, il n'est pas nécessaire de faire référence à cette notion. C'est ce qui distingue pour l'essentiel un régime présidentiel d'un régime parlementaire.

Pour autant, il apparaît souhaitable de maintenir dans le corps de la Constitution la référence à la responsabilité du gouvernement dans les conditions et procédures prévues aux articles 49 et 50 même si cette responsabilité n'a plus le même sens, la même signification, dès lors qu'elle ne conduit pas à la chute du gouvernement mais éventuellement entraîne un conflit, voire une crise.

Il y a en outre, un contrôle par le Parlement de l'action du gouvernement par le biais non seulement de questions au gouvernement, de commissions d'enquêtes, de débats, votes, y compris d'une motion de défiance, voire de censure sans oublier évidemment le rejet possible d'un texte.

ARTICLE 21   MODIFICATIONS

Le ministre d'État coordonne l'action du gouvernement. Il met en oeuvre des décisions prises en matière de défense nationale. Il assure l'exécution des lois. Sous réserve des dispositions de l'article 13, il exerce le pouvoir réglementaire et nomme aux emplois civils et militaires.

Il peut déléguer certains de ses pouvoirs aux ministres.

Il supplée, le cas échéant, le président de la République dans la présidence des conseils et comités prévus à l'article 15.

Il peut, à titre exceptionnel, le suppléer pour la présidence d'un Conseil des ministres en vertu d'une délégation expresse et pour un ordre du jour déterminé.

Observations :

Il s'agit ici de préciser la nature des fonctions du ministre d'État, dont la mission essentielle est, rappelons-le, de coordonner l'action du gouvernement. Le ministre a davantage une fonction administrative que politique et agit en toutes circonstances sous l'autorité du chef de l'État. Il n'y a pas, il n'y a plus d'exécutif bicéphale.

ARTICLE 22   MODIFICATIONS

Les actes du *ministre d'État* sont contresignés, le cas échéant, par le ministre chargé de leur exécution.

Observations :

Simple modification d'harmonisation.

ARTICLE 23

Les fonctions de membre du gouvernement sont incompatibles avec l'exercice de tout mandat parlementaire, de toute fonction de représentation professionnelle à caractère national et de tout emploi public ou de toute activité professionnelle.

Une loi organique fixe les conditions dans lesquelles il est pourvu au remplacement des titulaires de tels mandats, fonctions ou emplois.

Le remplacement des membres du Parlement a lieu conformément aux dispositions de l'article 25.

TITRE IV

LE PARLEMENT

  MODIFICATIONS

Le Parlement vote la loi. Il contrôle l'action du gouvernement. Il évalue les politiques publiques.

Il comprend des députés et des sénateurs ayant les uns et les autres la qualité de parlementaires.

Les députés, dont le nombre est fixé à trois cents, sont élus au suffrage universel direct à la représentation proportionnelle intégrale à la plus forte moyenne avec un seuil fixé à cinq pour cent des suffrages exprimés dans le cadre d'une circonscription unique : la France.

Les sénateurs, dont le nombre de membres est fixé à trois cents, sont élus au suffrage universel direct au scrutin uninominal majoritaire à deux tours dans le cadre de 300 circonscriptions électorales.

Pour être élu au premier tour, il faut obtenir la majorité absolue des suffrages exprimés et plus du quart du nombre des électeurs inscrits. Seuls, les candidats ayant obtenu au moins dix pour cent des voix des électeurs inscrits peuvent faire acte de candidature en vue du second tour.

Les Français établis hors de France sont représentés *au Parlement.*

L'élection des membres du Parlement est concomitante à celle du président de la République. La durée de la législature est de cinq ans sous réserve d'une ou plusieurs dissolutions. Dans ce cas, la durée des mandats des membres du Parlement élus dans l'intervalle de deux élections présidentielles s'achève au plus tard au terme de la législature commencée lors de l'élection présidentielle afin de maintenir la concomitance des élections du président de la République et du Parlement.

Observations :

Le premier alinéa ne change pas.

Les alinéas suivants sont modifiés.

Le deuxième supprime la référence à l'Assemblée nationale et au Sénat. Il fait apparaître que le Parlement comprend des députés et des sénateurs ayant les uns et les autres la qualité de parlementaires.

Le troisième est relatif à l'élection des députés. Actuellement, il est indiqué que « Les députés de l'Assemblée nationale, dont le nombre ne peut excéder cinq cent soixante-dix-sept, sont élus au suffrage direct. »

La rédaction proposée diminue de façon drastique le nombre des députés et fixe le mode de scrutin retenu dès lors qu'il paraît important qu'une disposition relative à la représentation nationale soit fixée par le texte fondateur de la Ve République.

Le nombre des députés passe de cinq cent soixante-dix-sept à trois cents. Ils sont élus dans le cadre d'une circonscription unique, la France.

Il s'agit en fait d'un scrutin de liste et pour avoir accès à la représentation nationale, une liste doit avoir recueilli 5% des suffrages exprimés.

Le quatrième alinéa fixe le nombre de sénateurs à trois cents alors que le texte en vigueur précise qu'il ne peut excéder trois cent quarante-huit.

Il n'est plus mentionné que le Sénat assure la représentation des collectivités territoriales de la République.

Au cinquième alinéa, le membre de phrase « à l'Assemblée nationale et au Sénat » est remplacé par « au Parlement ».

Un sixième alinéa traite de la durée des mandats parlementaires et précise quelles sont les incidences d'une ou plusieurs dissolutions sur cette durée afin de respecter la règle de la concomitance de l'élection du président de la République avec celle des parlementaires.

ARTICLE 25   MODIFICATIONS

Une loi organique fixe les conditions d'application de l'article précédent, les autres conditions d'éligibilité, le régime des inéligibilités et des incompatibilités ainsi que l'indemnité des membres du Parlement.

Elle fixe également les conditions dans lesquelles sont élues les personnes appelées à assurer, en cas de vacance du siège, le remplacement des députés ou des sénateurs jusqu'au renouvellement général du Parlement ou leur remplacement temporaire en cas d'acceptation par eux des fonctions gouvernementales.

Une commission indépendante, dont la loi fixe la composition et les règles d'organisation et de fonctionnement, se prononce par un avis public sur les projets de texte et propositions de loi délimitant les circonscriptions pour *l'élection des sénateurs ou modifiant la répartition des sièges de ces derniers.*

Observations :

Il s'agit d'une modification d'harmonisation.

L'article 25, dans sa nouvelle rédaction ne renvoie plus à une loi organique le soin de fixer le nombre des membres de chacune des assemblées. Le nombre des membres du Parlement est fixé désormais par l'article 24.

L'avis public sur les projets de texte et propositions de loi délimitant les circonscriptions pour l'élection des sénateurs ou modifiant la répartition des sièges de ces derniers ne concerne plus que les sénateurs, les députés étant désormais élus dans le cadre d'une circonscription unique, la France.

ARTICLE 26   MODIFICATIONS

Aucun membre du Parlement ne peut être poursuivi, recherché, arrêté, détenu ou jugé à l'occasion des opinions ou votes émis par lui dans l'exercice de ses fonctions.

Aucun membre du Parlement ne peut faire l'objet, en matière criminelle ou correctionnelle, d'une arrestation ou de toute autre mesure privative ou restrictive de liberté qu'avec l'autorisation du bureau *du Parlement*. Cette autorisation n'est pas requise en cas de crime ou délit flagrant ou de condamnation définitive.

La détention, les mesures privatives ou restrictives de liberté ou la poursuite d'un membre du Parlement sont suspendues pour la durée de la session si *le Parlement* le requiert.

Le Parlement est réuni de plein droit pour des séances supplémentaires pour permettre, le cas échéant, l'application de l'alinéa ci-dessus.

Observations :

Modifications d'harmonisation.

ARTICLE 27   SUGGESTIONS

Tout mandat impératif est nul.

Le droit de vote des membres du Parlement est personnel.

La loi organique peut autoriser exceptionnellement la délégation de vote. Dans ce cas, nul ne peut recevoir délégation de plus d'un mandat.

Observations :

Inchangé.

Le texte n'est pas modifié. Toutefois, la question de la nullité du mandat impératif devrait faire l'objet d'une étude approfondie en raison de son caractère théorique. Il n'est cependant pas question de proposer sa suppression, ce qui équi-

vaudrait à une aberration, mais de rendre cette notion compatible avec le concept de discipline de groupe.

ARTICLE 28   MODIFICATIONS

Le Parlement se réunit de plein droit en une session ordinaire qui commence le premier jour ouvrable d'octobre et prend fin le dernier jour ouvrable de juin.

Le nombre de jours de séance que *le Parlement* peut tenir au cours de la session ordinaire ne peut excéder cent vingt. Les semaines de séance sont fixées par *le Parlement*.

Le président de la République, après consultation du président *du Parlement* ou la majorité des membres *du Parlement* peut décider la tenue de jours supplémentaires de séance.

Les jours et les horaires des séances sont déterminés par le règlement *du Parlement*.

Observations :

Article d'harmonisation.

La référence au Premier ministre est remplacée par celle du président de la République.

Les références aux assemblées sont remplacées par des références au Parlement.

ARTICLE 29   MODIFICATIONS

Le Parlement est réuni en session extraordinaire à la demande du *président de la République* ou de la majorité des membres composant *le Parlement* sur un ordre du jour déterminé.

Lorsque la session extraordinaire est tenue à la demande des membres *du Parlement*, le décret de clôture intervient dès que le Parlement a épuisé l'ordre du jour pour lequel il a été convoqué et au plus tard douze jours à compter de sa réunion.

Le président de la République peut seul demander une nouvelle session avant l'expiration du mois qui suit le décret de clôture.

Observations :

Article d'harmonisation.

La référence au Premier ministre est remplacée par celle du président de la République.

L'expression « membres de l'Assemblée nationale est remplacée par celle de « membres du Parlement »

ARTICLE 30

Hors les cas dans lesquels le Parlement se réunit de plein droit, les sessions extraordinaires sont ouvertes et closes par décret du président de la République.

ARTICLE 31   MODIFICATIONS

Les membres du gouvernement, à l'exception du chef de l'État qui le dirige et hors le cas prévu à l'article 18, ont accès au Parlement. Ils sont entendus quand ils le demandent.

Ils peuvent se faire assister par des commissaires du gouvernement.

Observations :

À l'alinéa 1er, le membre de phrase « à l'exception du chef de l'État qui le dirige et hors le cas de l'article 11 » est ajouté eu égard au fait que le chef de l'État ne se contente pas de présider le conseil des ministres mais le dirige.

ARTICLE 32   MODIFICATIONS

Le président du Parlement est élu pour la durée de la législature qui est fixée à cinq ans sauf dissolution

Observations :

Il n'y a plus lieu d'établir de distinction entre le président de l'Assemblée nationale et le président du Sénat. Désormais, il n'existe qu'un président du Parlement élu pour la durée de la législature.

En l'absence de dissolution(s), la durée de la législature (période s'étendant entre chaque renouvellement du Parlement dans le schéma proposé) est de cinq ans.

En cas de dissolution(s), la durée de la ou des législature(s) est nécessairement inférieure à cinq ans.

ARTICLE 33 — MODIFICATIONS

Les séances du Parlement sont publiques. Le compte rendu intégral des débats est publié au *journal officiel.*

Le Parlement peut siéger en comité secret à la demande du *président de la République* ou d'un dixième de ses membres.

Observations :

Article d'harmonisation.

La référence au Premier ministre est remplacée par celle du président de la République.

La référence au Parlement se substitue à celle d'assemblée.

TITRE V

DES RAPPORTS
ENTRE LE PARLEMENT
ET LE GOUVERNEMENT

ARTICLE 34

La loi fixe les règles concernant :

— les droits civiques et les garanties fondamentales accordées aux citoyens pour l'exercice des libertés publiques ; la liberté, le pluralisme et l'indépendance des médias ; les sujétions imposées par la défense nationale aux citoyens en leur personne et en leurs biens ;

— la nationalité, l'état et la capacité des personnes, les régimes matrimoniaux, les successions et libéralités ;

— la détermination des crimes et délits ainsi que les peines qui leur sont applicables ; la procédure pénale ; l'amnistie ; la création de nouveaux ordres de juridiction et le statut des magistrats ;

— l'assiette, le taux et les modalités de recouvrement des impositions de toute nature ; le régime d'émission de la monnaie.

La loi fixe également les règles concernant :

Sous réserve [ou sans préjudice] des dispositions de l'article 24, le régime électoral du Parlement, des assemblées locales et des instances représentatives des Français établis hors de France ainsi que les conditions d'exercice des mandats électoraux et des fonctions électives des membres des assemblées délibérantes des collectivités territoriales ;

— la création de catégories d'établissements publics ;

— les garanties fondamentales accordées aux fonctionnaires civils et militaires de l'État ;

— les nationalisations d'entreprises et les transferts de propriété du secteur public au secteur privé.

La loi détermine les principes fondamentaux :

— de l'organisation générale de la défense nationale ;

— de la libre administration des collectivités territoriales, de leurs compétences et de leurs ressources ;

— de l'enseignement ;

— de la préservation de l'environnement ;

— du régime de la propriété, des droits réels et des obligations civiles et commerciales ;

— du droit du travail, du droit syndical et de la sécurité sociale.

Les lois de finances déterminent les ressources et les charges de l'État dans les conditions et sous les réserves prévues par une loi organique.

Les lois de financement de la sécurité sociale déterminent les conditions générales de son équilibre financier et, compte tenu de leurs prévisions de recettes, fixent ses objectifs de dépenses, dans les conditions et sous les réserves prévues par une loi organique.

Des lois de programmation déterminent les objectifs de l'action de l'État.

Les orientations pluriannuelles des finances publiques sont définies par des lois de programmation. Elles s'inscrivent dans l'objectif d'équilibre des comptes des administrations publiqucs.

Observations :

Les modes de scrutin pour l'élection des députés et des sénateurs étant constitutionalisés à l'article 24, il y a lieu de faire apparaître une réserve s'agissant du régime électoral du Parlement.

ARTICLE 34-1   MODIFICATIONS

Le Parlement peut voter des résolutions dans les conditions fixées par la loi organique.

Sont irrecevables et ne peuvent être inscrites à l'ordre du jour les propositions de résolution dont le gouvernement estime que leur adoption ou leur rejet serait de nature à mettre en cause sa responsabilité ou qu'elles contiennent des injonctions à son égard.

Observations :

Modification d'harmonisation.

L'expression « Les assemblées peuvent » est remplacée par l'expression « Le Parlement peut ».

ARTICLE 35   MODIFICATIONS

La déclaration de guerre est autorisée par le Parlement.

Le gouvernement informe le Parlement de sa décision de faire intervenir les forces armées à l'étranger, au plus tard trois jours après le début de l'intervention. Il précise les objectifs poursuivis. Cette information peut donner lieu à un débat qui n'est suivi d'aucun vote.

Lorsque la durée de l'intervention excède quatre mois, le gouvernement soumet sa prolongation à l'autorisation du Parlement.

Si le Parlement n'est pas en session à l'expiration du délai de quatre mois, il se prononce à l'ouverture de la session suivante.

Observations :

La phrase « Il peut demander à l'Assemblée nationale de décider en dernier ressort » est supprimée à la fin du troisième alinéa.

ARTICLE 36   MODIFICATIONS

L'état de siège est décrété en Conseil des ministres.

Sa prorogation au-delà de douze jours ne peut être autorisée que par le Parlement.

L'état d'urgence est décrété en Conseil des ministres.

Sa prorogation au-delà de douze jours ne peut être autorisée que par le Parlement.

Observations :

Les troisième et quatrième alinéas sont ajoutés, introduisant la référence à l'état d'urgence.

ARTICLE 37

Les matières autres que celles qui sont du domaine de la loi ont un caractère réglementaire.

Les textes de forme législative intervenus en ces matières peuvent être modifiés par décret pris après avis du Conseil d'État. Ceux de ces textes qui interviendraient après l'entrée en vigueur de la présente Constitution ne pourront être modifiés par décret que si le Conseil constitutionnel a déclaré qu'ils ont un caractère réglementaire en vertu de l'alinéa précédent.

ARTICLE 37-1

La loi et le règlement peuvent comporter, pour un objet et une durée limités, des dispositions à caractère expérimental.

ARTICLE 38

Le gouvernement peut, pour l'exécution de son programme, demander au Parlement l'autorisation de prendre par ordonnances, pendant un délai limité, des mesures qui sont normalement du domaine de la loi.

Les ordonnances sont prises en Conseil des ministres après avis du Conseil d'État. Elles entrent en vigueur dès leur publication mais deviennent caduques si le projet de loi de ratification n'est pas déposé devant le Parlement avant la date fixée par la loi d'habilitation.

Elles ne peuvent être ratifiées que de manière expresse.

À l'expiration du délai mentionné au premier alinéa du présent article, les ordonnances ne peuvent plus être modifiées que par la loi dans les matières qui sont du domaine législatif.

ARTICLE 39   MODIFICATIONS

L'initiative des lois appartient concurremment au *président de la République* et aux membres du Parlement.

Les projets de loi sont délibérés en Conseil des ministres après avis du Conseil d'État et déposés sur le bureau *du Parlement.*

La présentation des projets de loi déposés devant le Parlement répond aux conditions fixées par une loi organique.

Les projets de loi ne peuvent être inscrits à l'ordre du jour si la Conférence des présidents *du Parlement* constate que les règles fixées par la loi organique sont méconnues. En cas de désaccord entre la Conférence des présidents et le gouvernement, le président *du Parlement* ou le *président de la République* peut saisir le Conseil constitutionnel qui statue dans un délai de huit jours.

Dans les conditions prévues par la loi, le président du Parlement peut soumettre pour avis au Conseil d'État, avant son examen en commission, une proposition de loi déposée par l'un des membres du Parlement, sauf si ce dernier s'y oppose.

Observations :

Modifications d'harmonisation. La nouvelle rédaction tient compte de l'existence d'une Chambre unique composée de députés et de sénateurs et de la disparition des fonctions de Premier ministre. Aussi, les éléments de procédure et les conditions de saisine du Parlement évoluent en conséquence.

ARTICLE 40

Les propositions et amendements formulés par les membres du Parlement ne sont pas recevables lorsque leur adoption aurait pour conséquence soit une diminution des ressources publiques, soit la création ou l'aggravation d'une charge publique.

ARTICLE 41   MODIFICATIONS

S'il apparaît au cours de la procédure législative qu'une proposition ou un amendement n'est pas du domaine de la loi ou est contraire à une délégation accordée en vertu de l'article 38, le gouvernement ou le président *du Parlement* peut opposer l'irrecevabilité.

En cas de désaccord entre le gouvernement et le président du Parlement, le Conseil constitutionnel, à la demande de l'un ou de l'autre, statue dans un délai de huit jours.

Observations :

Modification d'harmonisation.

ARTICLE 42   MODIFICATIONS

La discussion des projets et propositions de loi porte, en séance, sur le texte adopté par la commission saisie en application de l'article 43 ou, à défaut, sur le texte dont le Parlement a été saisi.

Toutefois, la discussion en séance des projets de révision constitutionnelle, des projets de loi de finances et des projets de loi de financement de la sécurité sociale porte devant le Parlement sur le texte présenté par le gouvernement.

La discussion en séance, d'un projet ou d'une proposition de loi ne peut intervenir qu'à l'expiration d'un délai de six semaines après son dépôt.

L'alinéa précédent ne s'applique pas si la procédure accélérée a été engagée dans les conditions prévues à l'article 45. Il ne s'applique pas non plus aux projets de loi de finances, aux projets de loi de financement de la sécurité sociale et aux projets relatifs aux états de crise.

Observations :

Il s'agit ici de tenir compte de l'existence d'une assemblée unique et de la disparition des « navettes » qui existent entre les deux assemblées actuelles.

La rédaction proposée prend en compte l'existence d'une procédure accélérée, d'où la référence à l'article 45 de la Constitution.

ARTICLE 43   MODIFICATIONS

Les projets et propositions de loi sont envoyés pour examen à l'une des commissions permanentes dont le nombre est limité à huit.

À la demande du gouvernement ou *du Parlement,* les projets ou propositions de loi sont envoyés pour examen à une commission spécialement désignée à cet effet.

Observations :

Modification d'harmonisation.

ARTICLE 44   **MODIFICATIONS**

Les membres du Parlement et le gouvernement ont le droit d'amendement. Ce droit s'exerce en séance ou en commission selon les conditions fixées *par le règlement du Parlement*, dans le cadre déterminé par une loi organique.

Après l'ouverture du débat, le gouvernement peut s'opposer à l'examen de tout amendement qui n'a pas été antérieurement soumis à la commission.

Si le gouvernement le demande, *le Parlement* se prononce par un seul vote sur tout ou partie du texte en discussion en ne retenant que les amendements proposés ou acceptés par le gouvernement.

Observations :

Modification d'harmonisation.

ARTICLE 45   **MODIFICATIONS**

Tout projet ou proposition de loi est examiné de façon concomitante par les députés et sénateurs au sein du Parlement en vue de l'adoption d'un texte identique. Sans préjudice de l'application des articles 40 et 41, tout amendement est recevable dès lors qu'il présente un lien, même indirect, avec le texte déposé ou transmis.

En cas d'urgence ou lorsque, par suite d'un désaccord persistant entre les membres du Parlement, un projet ou une proposition de loi n'a pu être adopté dans un délai de [   ] le président de la République ou, pour une proposition, le président du Parlement ont la faculté, afin d'accélérer la procédure, de provoquer la réunion d'une commission mixte paritaire composée en nombre égal de députés et de sénateurs chargée de proposer un texte sur les dispositions restant en discussion.

Le texte élaboré par la commission mixte peut être soumis par le gouvernement pour approbation au Parlement. Aucun amendement n'est recevable sauf accord du gouvernement.

Si la commission mixte ne parvient pas à l'adoption d'un texte de compromis ou si ce texte n'est pas adopté dans les conditions prévues à l'alinéa précédent, le président de la République peut après une nouvelle lecture par le Parlement, lui demander de statuer définitivement dans un délai de [   ] jours.

Observations :

Les modifications prennent en compte la disparition de deux chambres séparées, députés et sénateurs étant désormais réunis dans une chambre unique et examinant comme il a été dit

précédemment de façon concomitante les textes (projets et propositions de lois). Dès lors, les lectures séparées et le système des navettes ne sont plus justifiés. Toutefois, il apparaît souhaitable de maintenir une sorte de procédure accélérée qui peut être impulsée principalement par le chef de l'État, chef de gouvernement, afin d'« activer » une procédure qui aurait tendance à s'enliser, autrement dit à s'éterniser du fait de blocages et de postures.

C'est volontairement que la durée des délais n'est pas indiquée afin d'étudier différentes possibilités ainsi que les avantages et inconvénients respectifs. C'est le principe d'une procédure accélérée qui compte ici.

ARTICLE 46   MODIFICATIONS

Les lois auxquelles la Constitution confère le caractère de lois organiques sont votées et modifiées dans les conditions suivantes.

Le projet ou la proposition ne peut être soumis à la délibération et au vote du Parlement qu'à l'expiration des délais fixés au troisième alinéa de l'article 42.

La procédure de l'article 45 est applicable. Toutefois, si la procédure accélérée a été engagée dans les conditions prévues à l'article 45, le projet ou la proposition ne peut être soumis à la délibération du Parlement avant l'expiration d'un délai de quinze jours après son dépôt.

Le texte ne peut être adopté par le Parlement qu'à la majorité absolue de ses membres.

Les lois organiques ne peuvent être promulguées qu'après déclaration par le Conseil constitutionnel de leur conformité à la Constitution.

Observations :

Modification d'harmonisation.

Le texte tient compte de la disparition des navettes et surtout de la disparition du bicamérisme en vigueur.

Il maintient un délai de quinze jours avant que le texte ne puisse être soumis à la délibération du Parlement même dans le cas de la procédure dite accélérée prévue à l'article 45 afin que le temps nécessaire à l'examen du texte soit garanti.

Une loi organique, pour être adoptée, requiert un vote à la majorité absolue des membres du Parlement afin de lui conférer une certaine solennité et sa place éminente dans la hiérarchie des normes.

L'intervention du Conseil constitutionnel prévu actuellement au dernier alinéa de l'article est maintenue.

ARTICLE 47   MODIFICATIONS

Le Parlement vote les projets de loi de finances dans les conditions prévues par une loi organique.

La procédure respecte les conditions prévues à l'article 45.

Si le Parlement ne s'est pas prononcé dans un délai de soixante-dix jours, les dispositions du projet peuvent être mises en vigueur par ordonnance.

Si la loi de finances fixant les ressources et les charges d'un exercice n'a pas été déposée en temps utile pour être promulguée avant le début de cet exercice, le gouvernement demande d'urgence au Parlement l'autorisation de percevoir les impôts et ouvre par décret les crédits se rapportant aux services votés.

Les délais prévus au présent article sont suspendus lorsque le Parlement n'est pas en session.

Observations :

Modifications d'harmonisation.

ARTICLE 47-1   MODIFICATIONS

Le Parlement vote les projets de loi de financement de la sécurité sociale dans les conditions prévues par une loi organique.

La procédure respecte les conditions prévues à l'article 45.

Si le Parlement ne s'est pas prononcé dans un délai de cinquante jours, les dispositions du projet peuvent être mises en œuvre par ordonnance.

Les délais prévus au présent article sont suspendus lorsque le Parlement n'est pas en session.

Observations :

Modifications d'harmonisation.

ARTICLE 47-2

La Cour des comptes assiste le Parlement dans le contrôle de l'action du gouvernement. Elle assiste le Parlement et le gouvernement dans le contrôle de l'exécution des lois de finances et de l'application des lois de financement de la Sécurité sociale ainsi que dans l'évaluation des politiques publiques. Par ses rapports publics, elle contribue à l'information des citoyens.

Les comptes des administrations publiques sont réguliers et sincères. Ils donnent une image fidèle du résultat de leur gestion, de leur patrimoine et de leur situation financière.

ARTICLE 48 **MODIFICATIONS**

Sans préjudice de l'application des trois derniers alinéas de l'article 28, l'ordre du jour est fixé par *le Parlement.*

Deux semaines de séance sur quatre sont réservées par priorité, et dans l'ordre que le gouvernement a fixé, à l'examen des textes et aux débats dont il demande l'inscription à l'ordre du jour.

En outre, l'examen des projets de loi de finances, des projets de loi de financement de la Sécurité sociale et, sous réserve des dispositions de l'alinéa suivant, des projets relatifs aux états de crise et des demandes d'autorisation visées à l'article 35 est, à la demande du gouvernement, inscrit à l'ordre du jour par priorité.

Une semaine de séance sur quatre est réservée par priorité et dans l'ordre fixé par *le Parlement* au contrôle de l'action du gouvernement et à l'évaluation des politiques publiques.

Un jour de séance par mois est réservé à un ordre du jour arrêté par *le Parlement* à l'initiative des groupes parlementaires.

Une séance par semaine au moins, y compris pendant les sessions extraordinaires prévues à l'article 29, est réservée par priorité aux questions des membres du Parlement et aux réponses du gouvernement.

Observations :

Modification d'harmonisation.

L'expression « par chaque assemblée » est remplacée par celle de « par le Parlement ».

Le membre de phrase « à l'initiative des groupes d'opposition de l'assemblée intéressée ainsi qu'à celle des groupes minoritaires » est remplacé par « à l'initiative des groupes parlementaires ».

Il s'agit d'entériner l'idée du dépassement du camp contre camp et de réduire la notion même de majorité/opposition, le schéma proposé privilégiant celui de majorités à géométrie variable, voire de majorités d'idée et de majorités de projet.

Dès lors, les frontières entre les groupes majoritaires et minoritaires sont difficiles à identifier puisque, par définition, elles sont appelées à évoluer en fonction des textes.

ARTICLE 49   MODIFICATIONS

Le président de la République, après délibération du Conseil des ministres, peut soumettre à l'approbation du Parlement son programme ou éventuellement une déclaration de politique générale sans pour autant engager sa responsabilité.

Le Parlement met en cause la responsabilité du gouvernement par le vote d'une motion de censure. Une telle motion n'est recevable que si elle est signée par un dixième au moins des membres du Parlement. Le vote ne peut avoir lieu que quarante huit heures après son dépôt. Seuls sont recensés les votes favorables à la motion de censure qui ne peut être adoptée qu'à la majorité des membres composant le Parlement. Sauf dans le cas prévu à l'alinéa ci-dessous, un parlementaire ne peut être signataire de plus de trois motions de censure au cours d'une même session ordinaire et de plus d'une au cours d'une même session extraordinaire.

Le président de la République peut, après délibération du Conseil des ministres, engager la responsabilité de son gouvernement devant le Parlement sur le vote d'un texte. Dans ce cas, ce texte est considéré comme adopté, sauf si une motion de censure, déposée dans les vingt-quatre heures qui suivent, est votée dans les conditions prévues à l'alinéa précédent.

Observations :

Il s'agit de revenir ici sur une réforme introduite par la révision constitutionnelle de mars 2008 et de renouer avec l'esprit du début de la Vᵉ République en adoptant un texte s'inspirant de celui de 1958. Le recours à l'article 49-3 doit être une arme utile entre les mains de l'exécutif pour faire face à des frondes, blocages à répétition, tentatives d'obstruction toujours possibles dans un Parlement plus diversifié et en l'absence toujours possible même si ce n'est pas systématiquement le cas de majorités stables disciplinées et unies.

Une solution médiane consisterait à maintenir les dispositions actuelles en limitant cette possibilité à la loi de finances ou de financement de la sécurité sociale, mais en permettant également au président de la République (actuellement au Premier ministre) de recourir à cette procédure non pas pour un autre projet ou une autre proposition de loi par session mais pour trois autres projets ou trois autres propositions.

Assurément, revenir sur une réforme qui a donné lieu à de nombreux débats et parfois polémiques peut paraître surprenant dans un premier temps, surtout quand on a l'ambition de démocratiser et de passer d'une monarchie républicaine à une démocratie républicaine. Pour autant, il doit être compris que démocratisation ne signifie pas faiblesse et impuissance des institutions mais recherche d'un juste équilibre entre un Parlement plus représentatif et un exécutif qui ne peut être un simple exécutant mais un acteur actif.

Le dernier alinéa n'a plus de raison d'être du fait de la disparition du Sénat.

Les autres modifications sont des modifications d'harmonisation.

ARTICLE 50   MODIFICATIONS

Lorsque le Parlement adopte une motion de censure, le président de la République peut selon les circonstances et ou la nature des textes contestés, abandonner l'examen du projet litigieux, reporter à une autre session son examen, le soumettre au référendum ou procéder à une dissolution du Parlement conformément aux dispositions de l'article 12 entraînant de fait simultanément des élections législatives et sénatoriales.

Observations :

Cet article énumère les possibilités offertes au président de la République dans le cas de l'adoption d'une motion de censure par le Parlement.

Les solutions diffèrent de façon sensible de celles retenues aujourd'hui dans le cadre d'un régime parlementaire. Actuellement le Premier ministre doit remettre au président de la République la démission du gouvernement.

Dans la pratique, le président de la République peut désigner un nouveau Premier ministre (article 8 de la Constitution). Il peut aussi procéder à une dissolution de l'Assemblée nationale (article 12).

Dans le système présidentiel proposé, il n'y a plus par définition mise en cause de la responsabilité gouvernementale pouvant se traduire par une démission du gouvernement. Il n'existe plus de Premier ministre.

En revanche, l'absence de soutien à la politique de l'exécutif et plus particulièrement de son chef, le président de la République, traduit une crise de confiance entre le législatif et l'exécutif. L'article 50 dote le chef de l'État de différents outils pour surmonter cette crise et garantir le fonctionnement régulier des pouvoirs publics. Ses fonctions d'arbitre le qualifient pour effectuer les choix les plus adaptés à la situation avec pour principal objectif l'intérêt supérieur de l'État.

ARTICLE 50-1   MODIFICATIONS

Devant *le Parlement*, le gouvernement peut de sa propre initiative ou à la demande d'un groupe parlementaire au sens de l'article 51-1, faire sur un sujet déterminé, une déclaration qui donne lieu à débat et peut, s'il le décide, faire l'objet d'un vote sans engager sa responsabilité.

Observations :

Modification d'harmonisation.

ARTICLE 51

La clôture de la session ordinaire ou des sessions extraordinaires est de droit retardée pour permettre, le cas échéant, l'application des dispositions de l'article 49. À cette même fin, des séances supplémentaires sont de droit.

ARTICLE 51-1   MODIFICATIONS

Le règlement *du Parlement* détermine les droits des groupes parlementaires constitués en son sein.

Observations :

Modification d'harmonisation.

La référence aux droits spécifiques des groupes d'opposition ainsi qu'aux groupes minoritaires n'a plus de raison d'être.

ARTICLE 51-2   MODIFICATIONS

Pour l'exercice des missions de contrôle et d'évaluation définies au premier alinéa de l'article 24, des commissions d'enquête peuvent être créées au sein *du Parlement* pour recueillir, dans les conditions prévues par la loi, des éléments d'information.

La loi détermine leurs règles d'organisation et de fonctionnement. Leurs conditions de création sont fixées par le règlement *du Parlement.*

Observations :

Modification d'harmonisation.

L'expression « chaque assemblée » est remplacée par l'expression « du Parlement ».

TITRE VI

DES TRAITÉS ET DES ACCORDS INTERNATIONAUX

ARTICLE 52

Le président de la République négocie et ratifie les traités.

Il est informé de toute négociation tendant à la conclusion d'un accord international non soumis à ratification.

ARTICLE 53

Les traités de paix, les traités de commerce, les traités ou accords relatifs à l'organisation internationale, ceux qui engagent les finances de l'État, ceux qui modifient des dispositions de nature législative, ceux qui sont relatifs à l'état des personnes, ceux qui comportent cession, échange ou adjonction de territoire, ne peuvent être ratifiés ou approuvés qu'en vertu d'une loi.

Ils ne prennent effet qu'après avoir été ratifiés ou approuvés.

Nulle cession, nul échange, nulle adjonction de territoire n'est valable sans le consentement des populations intéressées.

ARTICLE 53-1

La République peut conclure avec les États européens qui sont liés par des engagements identiques aux siens en matière d'asile et de protection des droits de l'homme et des libertés fondamentales des accords déterminant leurs compétences respectives pour l'examen des demandes d'asile qui leur sont présentées.

Toutefois, même si la demande n'entre pas dans leur compétence en vertu de ces accords, les autorités de la République ont toujours le droit de donner asile à tout étranger persécuté en raison de son action en faveur de la liberté ou qui sollicite la protection de la France pour un autre motif.

ARTICLE 53-2

La République peut reconnaître la juridiction de la Cour pénale internationale dans les conditions prévues par le traité signé le 18 juillet 1998.

ARTICLE 54   MODIFICATIONS

Si le Conseil constitutionnel, saisi par le président de la République, par le président du Parlement ou par soixante parlementaires, a déclaré qu'un engagement international comporte une clause contraire à la Constitution, l'autorisation de ratifier ou d'approuver l'engagement international en cause ne peut intervenir qu'après la révision de la Constitution.

Observations :

Modification d'harmonisation.

ARTICLE 55

Les traités ou accords régulièrement ratifiés ou approuvés ont, dès leur publication, une autorité supérieure à celle des lois, sous réserve, pour chaque accord ou traité, de son application par l'autre partie.

TITRE VII

LE CONSEIL CONSTITUTIONNEL

ARTICLE 56

Le Conseil constitutionnel comprend neuf membres, dont le mandat dure neuf ans et n'est pas renouvelable. Le Conseil constitutionnel se renouvelle par tiers tous les trois ans. Trois des membres sont nommés par le président de la République, trois par le président du Parlement, trois par le Vice-président du Conseil d'État. La procédure prévue au dernier alinéa de l'article 13 est applicable à ces nominations. Les nominations effectuées par le président du Parlement sont soumises au seul avis de la commission compétente du Parlement..

Le président est nommé par le président de la République. Il a voix prépondérante en cas de partage.

Observations :

À partir du moment où il n'existe plus qu'une chambre, les neuf membres sont nommés par le

président de la République, trois par le président du Parlement et trois par le Vice-président du Conseil d'État. S'agissant des trois derniers membres, une autre solution consisterait à faire nommer un membre par le Vice-président du Conseil d'État, un autre par le Premier président de la Cour de cassation et un autre également par le président de la Cour des comptes.

En revanche, il paraît souhaitable de supprimer la présence des anciens présidents de la République en tant que membres de droit, surtout depuis l'institution des questions prioritaires de constitutionnalité. Ces membres à part devenant à la fois des juges et parties pour des raisons qui s'expliquent d'elles-mêmes. En outre, depuis l'instauration du quinquennat et l'interdiction d'exercer deux mandats consécutifs, le risque serait grand de voir un Conseil constitutionnel comprenant un nombre important d'anciens présidents de la République.

ARTICLE 57

Les fonctions de membre du Conseil constitutionnel sont incompatibles avec celles de ministre ou de membre du Parlement. Les autres incompatibilités sont fixées par une loi organique.

ARTICLE 58

Le Conseil constitutionnel veille à la régularité de l'élection du président de la République.

Il examine les réclamations et proclame les résultats du scrutin.

ARTICLE 59

Le Conseil constitutionnel statue, en cas de contestation, sur la régularité de l'élection des députés et des sénateurs.

ARTICLE 60

Le Conseil constitutionnel veille à la régularité des opérations de référendum prévues aux articles 11 et 89 et au titre XV. Il en proclame les résultats.

ARTICLE 61   MODIFICATIONS

Les lois organiques, avant leur promulgation, les propositions de loi mentionnées à l'article 11 avant qu'elles ne soient soumises au référendum, et les règlements *du Parlement*, avant leur mise en application, doivent être soumis au Conseil constitutionnel, qui se prononce sur leur conformité à la Constitution.

Aux mêmes fins, les lois peuvent être déférées au Conseil constitutionnel, avant leur promulgation, par le président de la République, *le président du parlement ou soixante parlementaires.*

Dans les cas prévus aux deux alinéas précédents, le Conseil constitutionnel doit statuer dans le délai d'un mois. Toutefois, à la demande du gouvernement, s'il y a urgence, ce délai est ramené à huit jours.

Dans ces mêmes cas, la saisine du Conseil constitutionnel suspend le délai de promulgation.

Observations :

Modifications d'harmonisation.

ARTICLE 61-1

Lorsque, à l'occasion d'une instance en cours devant une juridiction, il est soutenu qu'une disposition législative porte atteinte aux droits et libertés que la Constitution garantit, le Conseil constitutionnel peut être saisi de cette question sur renvoi du Conseil d'État ou de la Cour de cassation qui se prononce dans un délai déterminé.

Une loi organique détermine les conditions d'application du présent article.

ARTICLE 62

Une disposition déclarée inconstitutionnelle sur le fondement de l'article 61 ne peut être promulguée ni mise en application.

Une disposition déclarée inconstitutionnelle sur le fondement de l'article 61-1 est abrogée à compter de la publication de la décision du Conseil constitutionnel ou d'une date ultérieure fixée par cette décision. Le Conseil constitutionnel détermine les conditions et limites dans lesquelles les effets que la disposition a produits sont susceptibles d'être remis en cause.

Les décisions du Conseil constitutionnel ne sont susceptibles d'aucun recours. Elles s'imposent aux pouvoirs publics et à toutes les autorités administratives et juridictionnelles.

ARTICLE 63

Une loi organique détermine les règles d'organisation et de fonctionnement du Conseil constitutionnel, la procédure qui est suivie devant lui, et notamment les délais ouverts pour le saisir de contestations.

TITRE VIII

DE L'AUTORITÉ JUDICIAIRE

ARTICLE 64

Le président de la République est garant de l'indépendance de l'autorité judiciaire.

Il est assisté par le Conseil supérieur de la magistrature.

Une loi organique porte statut des magistrats.

Les magistrats du siège sont inamovibles.

ARTICLE 65   MODIFICATIONS

Le Conseil supérieur de la magistrature comprend une formation compétente à l'égard des magistrats du siège et une formation compétente à l'égard des magistrats du parquet.

La formation compétente à l'égard des magistrats du siège est présidée par le premier président de la Cour de cassation. Elle comprend, en outre, cinq magistrats du siège et un magistrat du parquet, un conseiller d'État désigné par le Conseil d'État, un avocat ainsi que six personnalités qualifiées qui n'appartiennent ni au Parlement, ni à l'ordre judiciaire, ni à l'ordre administratif. Le président de la République désigne deux personnalités qualifiées et le président du Parlement en désigne quatre. La procédure prévue au dernier alinéa de l'article 13 est applicable aux nominations des personnalités qualifiées. Les nominations effectuées par le président du parlement sont soumises au seul avis de la commission permanente compétente du Parlement.

La formation compétente à l'égard des magistrats du parquet est présidée par le procureur général près la Cour de cassation. Elle comprend, en outre, cinq magistrats du parquet et un magistrat du siège, ainsi que le conseiller d'État, l'avocat et les six personnalités qualifiées mentionnés au deuxième alinéa.

La formation du Conseil supérieur de la magistrature compétente à l'égard des magistrats du siège fait des propositions pour les nominations des magistrats du siège à la Cour de cassation, pour celles de premier président de cour d'appel et pour celles de président de tribunal de grande instance. Les autres magistrats du siège sont nommés sur son avis conforme.

La formation du Conseil supérieur de la magistrature compétente à l'égard des magistrats du parquet donne son avis sur les nominations qui concernent les magistrats du parquet.

La formation du Conseil supérieur de la magistrature compétente à l'égard des magistrats du siège statue comme conseil de discipline des magistrats du siège. Elle comprend alors, outre les membres visés au deuxième alinéa, le magistrat du siège appartenant à la formation compétente à l'égard des magistrats du parquet.

La formation du Conseil supérieur de la magistrature compétente à l'égard des magistrats du parquet donne son avis sur les sanctions disciplinaires qui les concernent. Elle comprend alors, outre les membres visés au troisième alinéa, le magistrat du parquet appartenant à la formation compétente à l'égard des magistrats du siège.

Le Conseil supérieur de la magistrature se réunit en formation plénière pour répondre aux demandes d'avis formulées par le président de la République au titre de l'article 64. Il se prononce, dans la même formation, sur les questions relatives à la déontologie des magistrats ainsi que sur toute question relative au fonctionnement de la justice dont le saisit le ministre de la justice. La formation plénière comprend trois des cinq magistrats du siège mentionnés au deuxième alinéa, trois des cinq magistrats du parquet mentionnés au troisième alinéa, ainsi que le conseiller d'État, l'avocat et les six personnalités qualifiées mentionnés au deuxième alinéa. Elle est présidée par le premier président de la Cour de cassation, que peut suppléer le procureur général près cette cour.

Sauf en matière disciplinaire, le ministre de la justice peut participer aux séances des formations du Conseil supérieur de la magistrature.

Le Conseil supérieur de la magistrature peut être saisi par un justiciable dans les conditions fixées par une loi organique.

Une loi organique détermine les conditions d'application du présent article.

Observations :

Modification d'harmonisation.

ARTICLE 66

Nul ne peut être arbitrairement détenu.

L'autorité judiciaire, gardienne de la liberté individuelle, assure le respect de ce principe dans les conditions prévues par la loi.

ARTICLE 66-1

Nul ne peut être condamné à la peine de mort.

TITRE IX

LA HAUTE COUR

ARTICLE 67

Le président de la République n'est pas responsable des actes accomplis en cette qualité, sous réserve des dispositions des articles 53-2 et 68.

Il ne peut, durant son mandat et devant aucune juridiction ou autorité administrative française, être requis de témoigner non plus que faire l'objet d'une action, d'un acte d'information, d'instruction ou de poursuite. Tout délai de prescription ou de forclusion est suspendu.

Les instances et procédures auxquelles il est ainsi fait obstacle peuvent être reprises ou engagées contre lui à l'expiration d'un délai d'un mois suivant la cessation des fonctions.

ARTICLE 68 MODIFICATIONS

Le président de la République ne peut être destitué qu'en cas de manquement à ses devoirs manifestement incompatible avec l'exercice de son mandat. La destitution est prononcée par le Parlement constitué en Haute Cour.

La proposition de réunion de la Haute Cour *est adoptée par le Parlement..*

La Haute Cour est présidée par le président *du Parlement.* Elle statue dans un délai d'un mois, à bulletins secrets, sur la destitution. Sa décision est d'effet immédiat.

Les décisions prises en application du présent article le sont à la majorité des deux tiers des membres composant *le Parlement* ou la Haute Cour. Toute délégation de vote est interdite. Seuls sont recensés les votes favorables à la proposition de réunion de la Haute Cour ou à la destitution.

Une loi organique fixe les conditions d'application du présent article.

Observations :

Modifications d'harmonisation.

TITRE X

DE LA RESPONSABILITÉ PÉNALE DES MEMBRES DU GOUVERNEMENT

ARTICLE 68-1

Les membres du gouvernement sont pénalement responsables des actes accomplis dans l'exercice de leurs fonctions et qualifiés crimes ou délits au moment où ils ont été commis.

Ils sont jugés par la Cour de justice de la République.

La Cour de justice de la République est liée par la définition ainsi que par la détermination des peines telles qu'elles résultent de la loi.

ARTICLE 68-2   MODIFICATIONS

La Cour de justice de la République comprend quinze juges : douze parlementaires élus, en son sein, comprenant autant de députés que de sénateurs, par le Parlement après chaque renouvellement général et trois magistrats du siège à la Cour de cassation, dont l'un préside la Cour de justice de la République.

Toute personne qui se prétend lésée par un crime ou un délit commis par un membre du gouvernement dans l'exercice de ses fonctions peut porter plainte auprès d'une commission des requêtes.

Cette commission ordonne soit le classement de la procédure soit sa transmission au procureur général près la Cour de cassation aux fins de saisine de la Cour de justice de la République.

Le procureur général près la Cour de cassation peut aussi saisir d'office la Cour de justice de la République sur avis conforme de la commission des requêtes.

Une loi organique détermine les conditions d'application du présent article.

Observations :

Modifications d'harmonisation.

ARTICLE 68-3

Les dispositions du présent titre sont applicables aux faits commis avant son entrée en vigueur.

TITRE XI

LE CONSEIL ÉCONOMIQUE, SOCIAL ET ENVIRONNEMENTAL

ARTICLE 69 — MODIFICATIONS

Le Conseil économique, social et environnemental, saisi par le gouvernement, donne son avis sur les projets de loi, d'ordonnance ou de décret ainsi que sur les propositions de loi qui lui sont soumis.

Un membre du Conseil économique, social et environnemental peut être désigné par celui-ci pour exposer devant *le Parlement* l'avis du Conseil sur les projets ou propositions qui lui ont été soumis.

Le Conseil économique, social et environnemental peut être saisi par voie de pétition dans les conditions fixées par une loi organique. Après examen de la pétition, il fait connaître au gouvernement et au Parlement les suites qu'il propose d'y donner.

Observations :
Modifications d'harmonisation.

ARTICLE 70

Le Conseil économique, social et environnemental peut être consulté par le gouvernement et le Parlement sur tout problème de caractère économique, social ou environnemental. Le gouvernement peut également le consulter sur les projets de loi de programmation définissant les orientations pluriannuelles des finances publiques. Tout plan ou tout projet de loi de programmation à caractère économique, social ou environnemental lui est soumis pour avis.

ARTICLE 71   MODIFICATIONS

La composition du Conseil économique, social et environnemental, dont le nombre de membres ne peut excéder *cent*, et ses règles de fonctionnement sont fixées par une loi organique.

Observations :

Le maintien du Conseil économique, social et environnemental doit être posé. En l'état, dès lors qu'il n'a pas d'incidence directe sur un système présidentiel, il est maintenu.

En tout état de cause, il y a lieu de réduire le nombre de ses membres à cent.

TITRE XI BIS

LE DÉFENSEUR DES DROITS

ARTICLE 71-1

Le Défenseur des droits veille au respect des droits et libertés par les administrations de l'État, les collectivités territoriales, les établissements publics, ainsi que par tout organisme investi d'une mission de service public, ou à l'égard duquel la loi organique lui attribue des compétences.

Il peut être saisi, dans les conditions prévues par la loi organique, par toute personne s'estimant lésée par le fonctionnement d'un service public ou d'un organisme visé au premier alinéa. Il peut se saisir d'office.

La loi organique définit les attributions et les modalités d'intervention du Défenseur des droits. Elle détermine les conditions dans lesquelles il peut être assisté par un collège pour l'exercice de certaines de ses attributions.

Le Défenseur des droits est nommé par le président de la République pour un mandat de six ans non renouvelable, après application de la procédure prévue au dernier alinéa de l'article 13. Ses fonctions sont incompatibles avec celles de membre du gouvernement et de membre du Parlement. Les autres incompatibilités sont fixées par la loi organique.

Le Défenseur des droits rend compte de son activité au président de la République et au Parlement.

TITRE XII

DES COLLECTIVITÉS TERRITORIALES

ARTICLE 72

Les collectivités territoriales de la République sont les communes, les départements, les régions, les collectivités à statut particulier et les collectivités d'outre-mer régies par l'article 74. Toute autre collectivité territoriale est créée par la loi, le cas échéant en lieu et place d'une ou de plusieurs collectivités mentionnées au présent alinéa.

Les collectivités territoriales ont vocation à prendre les décisions pour l'ensemble des compétences qui peuvent le mieux être mises en œuvre à leur échelon.

Dans les conditions prévues par la loi, ces collectivités s'administrent librement par des conseils élus et disposent d'un pouvoir réglementaire pour l'exercice de leurs compétences.

Dans les conditions prévues par la loi organique, et sauf lorsque sont en cause les conditions essentielles d'exercice d'une liberté publique ou d'un droit constitutionnellement garanti, les collectivités territoriales ou leurs groupements peuvent, lorsque, selon le cas, la loi ou le règlement l'a prévu, déroger, à titre expérimental et pour un objet et une durée limités, aux dispositions législatives ou réglementaires qui régissent l'exercice de leurs compétences.

Aucune collectivité territoriale ne peut exercer une tutelle sur une autre. Cependant, lorsque l'exercice d'une compétence nécessite le concours de plusieurs collectivités territoriales, la loi peut autoriser l'une d'entre elles ou un de leurs groupements à organiser les modalités de leur action commune.

Dans les collectivités territoriales de la République, le représentant de l'État, représentant de chacun des membres du gouvernement, a la charge des intérêts nationaux, du contrôle administratif et du respect des lois.

ARTICLE 72-1

La loi fixe les conditions dans lesquelles les électeurs de chaque collectivité territoriale peuvent, par l'exercice du droit de pétition, demander l'inscription à l'ordre du jour de l'assemblée délibérante de cette collectivité d'une question relevant de sa compétence.

Dans les conditions prévues par la loi organique, les projets de délibération ou d'acte relevant de la compétence d'une collectivité territoriale peuvent, à son initiative, être soumis, par la voie du référendum, à la décision des électeurs de cette collectivité.

Lorsqu'il est envisagé de créer une collectivité territoriale dotée d'un statut particulier ou de modifier son organisation, il peut être décidé par la loi de consulter les électeurs inscrits dans les collectivités intéressées. La modification des limites des collectivités territoriales peut également donner lieu à la consultation des électeurs dans les conditions prévues par la loi.

ARTICLE 72-2

Les collectivités territoriales bénéficient de ressources dont elles peuvent disposer librement dans les conditions fixées par la loi.

Elles peuvent recevoir tout ou partie du produit des impositions de toutes natures. La loi peut les autoriser à en fixer l'assiette et le taux dans les limites qu'elle détermine.

Les recettes fiscales et les autres ressources propres des collectivités territoriales représentent, pour chaque catégorie de collectivités, une part déterminante de l'ensemble de leurs ressources. La loi organique fixe les conditions dans lesquelles cette règle est mise en œuvre.

Tout transfert de compétences entre l'État et les collectivités territoriales s'accompagne de l'attribution de ressources équivalentes à celles qui étaient consacrées à leur exercice. Toute création ou extension de compétences ayant pour conséquence d'augmenter les dépenses des collectivités territoriales est accompagnée de ressources déterminées par la loi.

La loi prévoit des dispositifs de péréquation destinés à favoriser l'égalité entre les collectivités territoriales.

ARTICLE 72-3

La République reconnaît, au sein du peuple français, les populations d'outre-mer, dans un idéal commun de liberté, d'égalité et de fraternité.

La Guadeloupe, la Guyane, la Martinique, La Réunion, Mayotte, Saint-Barthélemy, Saint-Martin, Saint-Pierre-et-Miquelon, les îles Wallis et Futuna et la Polynésie française sont régis par l'article 73 pour les départements et les régions d'outre-mer, et pour les collectivités territoriales créées en application du dernier alinéa de l'article 73, et par l'article 74 pour les autres collectivités.

Le statut de la Nouvelle-Calédonie est régi par le titre XIII.

La loi détermine le régime législatif et l'organisation particulière des Terres australes et antarctiques françaises et de Clipperton.

ARTICLE 72-4   MODIFICATIONS

Aucun changement, pour tout ou partie de l'une des collectivités mentionnées au deuxième alinéa de l'article 72-3, de l'un vers l'autre des régimes prévus par les articles 73 et 74, ne peut intervenir sans que le consentement des électeurs de la collectivité ou de la partie de la collectivité intéressée ait été préalablement recueilli dans les conditions prévues à l'alinéa suivant. Ce changement de régime est décidé par une loi organique.

Le président de la République, sur proposition du gouvernement pendant la durée des sessions ou sur proposition *du Parlement,* publiées au *Journal officiel,* peut décider de consulter les électeurs d'une collectivité territoriale située outre-mer sur une question relative à son organisation, à ses compétences ou à son régime législatif. Lorsque la consultation porte sur un changement prévu à l'alinéa précédent et est organisée sur proposition du gouvernement, celui-ci fait, devant *le Parlement*, une déclaration qui est suivie d'un débat.

Observations :

Modifications d'harmonisation.

ARTICLE 73

Dans les départements et les régions d'outre-mer, les lois et règlements sont applicables de plein droit. Ils peuvent faire l'objet d'adaptation tenant aux caractéristiques et contraintes particulières de ces collectivités.

Ces adaptations peuvent être décidées par ces collectivités dans les matières où s'exercent leurs compétences et si elles y ont été habilitées selon le cas, par la loi ou par le règlement.

Par dérogation au premier alinéa et pour tenir compte de leurs spécificités, les collectivités régies par le présent article peuvent être habilitées selon le cas, par la loi ou par le règlement à fixer elles-mêmes les règles applicables sur leur territoire, dans un nombre limité de matières pouvant relever du domaine de la loi ou du règlement.

Ces règles ne peuvent porter sur la nationalité, les droits civiques, les garanties des libertés publiques, l'état et la capacité des personnes, l'organisation de la justice, le droit pénal, la procédure pénale, la politique étrangère, la défense, la sécurité et l'ordre publics, la monnaie, le crédit et les changes, ainsi que le droit électoral. Cette énumération pourra être précisée et complétée par une loi organique.

La disposition prévue aux deux précédents alinéas n'est pas applicable au département et à la région de La Réunion.

Les habilitations prévues aux deuxième et troisième alinéas sont décidées, à la demande de la collectivité concernée, dans les conditions et sous les réserves prévues par une loi organique. Elles ne peuvent intervenir lorsque sont en cause les conditions essentielles d'exercice d'une liberté publique ou d'un droit constitutionnellement garanti.

La création par la loi d'une collectivité se substituant à un département et une région d'outre-mer ou l'institution d'une assemblée délibérante unique pour ces deux collectivités ne peut intervenir sans qu'ait été recueilli, selon les formes prévues au second alinéa de l'article 72-4, le consentement des électeurs inscrits dans le ressort de ces collectivités.

ARTICLE 74

Les collectivités d'outre-mer régies par le présent article ont un statut qui tient compte des intérêts propres de chacune d'elles au sein de la République.

Ce statut est défini par une loi organique, adoptée après avis de l'assemblée délibérante, qui fixe :

— les conditions dans lesquelles les lois et règlements y sont applicables ;

— les compétences de cette collectivité ; sous réserve de celles déjà exercées par elle, le transfert de compétences de l'État ne peut porter sur les matières énumérées au quatrième alinéa de l'article 73, précisées et complétées, le cas échéant, par la loi organique ;

— les règles d'organisation et de fonctionnement des institutions de la collectivité et le régime électoral de son assemblée délibérante ;

— les conditions dans lesquelles ses institutions sont consultées sur les projets et propositions de loi et les projets d'ordonnance ou de décret comportant des dispositions particulières à la collectivité, ainsi que sur la ratification ou l'approbation d'engagements internationaux conclus dans les matières relevant de sa compétence.

La loi organique peut également déterminer, pour celles de ces collectivités qui sont dotées de l'autonomie, les conditions dans lesquelles :

— le Conseil d'État exerce un contrôle juridictionnel spécifique sur certaines catégories d'actes de l'assemblée délibérante intervenant au titre des compétences qu'elle exerce dans le domaine de la loi ;

— l'assemblée délibérante peut modifier une loi promulguée postérieurement à l'entrée en vigueur du statut de la collectivité, lorsque le Conseil constitutionnel, saisi notamment par les autorités de la collectivité, a constaté que la loi était intervenue dans le domaine de compétence de cette collectivité ;

— des mesures justifiées par les nécessités locales peuvent être prises par la collectivité en faveur de sa population, en matière d'accès à l'emploi, de droit d'établissement pour l'exercice d'une activité professionnelle ou de protection du patrimoine foncier ;

— la collectivité peut participer, sous le contrôle de l'État, à l'exercice des compétences qu'il conserve, dans le respect des garanties accordées sur l'ensemble du territoire national pour l'exercice des libertés publiques.

Les autres modalités de l'organisation particulière des collectivités relevant du présent article sont définies et modifiées par la loi après consultation de leur assemblée délibérante.

ARTICLE 74-1

Dans les collectivités d'outre-mer visées à l'article 74 et en Nouvelle-Calédonie, le gouvernement peut, par ordonnances, dans les matières qui demeurent de la compétence de l'État, étendre, avec les adaptations nécessaires, les dispositions de nature législative en vigueur en métropole ou adapter les dispositions de nature législative en vigueur à l'organisation particulière de la collectivité concernée, sous réserve que la loi n'ait pas expressément exclu, pour les dispositions en cause, le recours à cette procédure.

Les ordonnances sont prises en Conseil des ministres après avis des assemblées délibérantes intéressées et du Conseil d'État. Elles entrent en vigueur dès leur publication. Elles deviennent caduques en l'absence de ratification par le Parlement dans le délai de dix-huit mois suivant cette publication.

ARTICLE 75

Les citoyens de la République qui n'ont pas le statut civil de droit commun, seul visé à l'article 34, conservent leur statut personnel tant qu'ils n'y ont pas renoncé.

ARTICLE 75-1

Les langues régionales appartiennent au patrimoine de la France.

TITRE XIII

DISPOSITIONS TRANSITOIRES RELATIVES À LA NOUVELLE-CALÉDONIE

ARTICLE 76

Les populations de la Nouvelle-Calédonie sont appelées à se prononcer avant le 31 décembre 1998 sur les dispositions de l'accord signé à Nouméa le 5 mai 1998 et publié le 27 mai 1998 au *journal officiel* de la République française.

Sont admises à participer au scrutin les personnes remplissant les conditions fixées à l'article 2 de la loi n° 88-1028 du 9 novembre 1988.

Les mesures nécessaires à l'organisation du scrutin sont prises par décret en Conseil d'État délibéré en Conseil des ministres.

ARTICLE 77

Après approbation de l'accord lors de la consultation prévue à l'article 76, la loi organique, prise après avis de l'assemblée délibérante de la Nouvelle-Calédonie, détermine, pour assurer l'évolution de la Nouvelle-Calédonie dans le respect des orientations définies par cet accord et selon les modalités nécessaires à sa mise en œuvre :

— les compétences de l'État qui seront transférées, de façon définitive, aux institutions de la Nouvelle-Calédonie, l'échelonnement et les modalités de ces transferts, ainsi que la répartition des charges résultant de ceux-ci ;

— les règles d'organisation et de fonctionnement des institutions de la Nouvelle-Calédonie et notamment les conditions dans lesquelles certaines catégories d'actes de l'assemblée délibérante de la Nouvelle-Calédonie pourront être soumises avant publication au contrôle du Conseil constitutionnel ;

— les règles relatives à la citoyenneté, au régime électoral, à l'emploi et au statut civil coutumier ;

— les conditions et les délais dans lesquels les populations intéressées de la Nouvelle-Calédonie seront amenées à se prononcer sur l'accession à la pleine souveraineté.

— Les autres mesures nécessaires à la mise en œuvre de l'accord mentionné à l'article 76 sont définies par la loi.

Pour la définition du corps électoral appelé à élire les membres des assemblées délibérantes de la Nouvelle-Calédonie et des provinces, le tableau auquel se réfèrent l'accord mentionné à l'article 76 et les articles 188 et 189 de la loi organique n° 99-209 du 19 mars 1999 relative à la Nouvelle-Calédonie est le tableau dressé à l'occasion du scrutin prévu audit article 76 et comprenant les personnes non admises à y participer.

TITRE XIV

DE LA FRANCOPHONIE ET DES ACCORDS D'ASSOCIATION

ARTICLE 87

La République participe au développement de la solidarité et de la coopération entre les États et les peuples ayant le français en partage.

ARTICLE 88

La République peut conclure des accords avec des États qui désirent s'associer à elle pour développer leurs civilisations.

TITRE XV

DE L'UNION EUROPÉENNE

ARTICLE 88-1

La République participe à l'Union européenne constituée d'États qui ont choisi librement d'exercer en commun certaines de leurs compétences en vertu du traité sur l'Union européenne et du traité sur le fonctionnement de l'Union européenne, tels qu'ils résultent du traité signé à Lisbonne le 13 décembre 2007.

ARTICLE 88-2

La loi fixe les règles relatives au mandat d'arrêt européen en application des actes pris par les institutions de l'Union européenne.

ARTICLE 88-3   MODIFICATIONS

Sous réserve de réciprocité, et selon les modalités prévues par le traité sur l'Union européenne signé le 7 février 1992, le droit de vote et d'éligibilité aux élections municipales peut être accordé aux seuls citoyens de l'Union résidant en France. Ces citoyens ne peuvent exercer les fonctions de maire ou d'adjoint. *Une loi organique détermine les conditions d'application du présent article.*

Observations :

Modifications d'harmonisation.

La référence à l'interdiction faite actuellement aux citoyens de l'Union résidant en France de participer à la désignation des électeurs sénatoriaux et à l'élection des sénateurs n'a plus de raison d'être du fait de l'élection des sénateurs au suffrage universel direct et à la disparition de ce fait même des électeurs sénatoriaux dont l'existence est liée à la nature indirecte du mode de scrutin.

ARTICLE 88-4   MODIFICATIONS

Le gouvernement soumet *au Parlement*, dès leur transmission au Conseil de l'Union européenne, les projets d'actes législatifs européens et les autres projets ou propositions d'actes de l'Union européenne.

Selon des modalités fixées par le règlement *du Parlement*, des résolutions européennes peuvent être adoptées, le cas échéant en dehors des sessions, sur les projets ou propositions mentionnés au premier alinéa, ainsi que sur tout document émanant d'une institution de l'Union européenne.

Au sein *du Parlement* est instituée une commission chargée des affaires européennes.

Observations :

Modifications d'harmonisation.

ARTICLE 88-5   MODIFICATIONS

Tout projet de loi autorisant la ratification d'un traité relatif à l'adhésion d'un État à l'Union européenne est soumis au référendum par le président de la République.

Toutefois, par le vote d'une motion adoptée à la majorité des trois cinquièmes, le Parlement peut autoriser l'adoption du projet de loi selon la procédure prévue au troisième alinéa de l'article 89.

Observations :

La disposition figurant au deuxième alinéa, en supprimant la référence au vote d'une motion adoptée en termes identiques par chaque assemblée à la majorité des trois cinquième équivaut à conférer au Parlement le droit de voter à deux reprises à la majorité qualifiée des trois cinquième sur un même sujet, une fois au titre de l'article

88-5, alinéa 2 et une deuxième fois en application des dispositions de l'article 89, alinéa 3. Dans les faits, cela ne change pas grand-chose avec la solution actuellement en vigueur.

ARTICLE 88-6 — MODIFICATIONS

Le Parlement peut émettre un avis motivé sur la conformité d'un projet d'acte législatif européen au principe de subsidiarité. L'avis est adressé par le président *du Parlement* aux présidents du Parlement européen, du Conseil et de la Commission européenne. Le gouvernement en est informé.

Le Parlement peut former un recours devant la Cour de justice de l'Union européenne contre un acte législatif européen pour violation du principe de subsidiarité. Ce recours est transmis à la Cour de justice de l'Union européenne par le gouvernement.

À cette fin, des résolutions peuvent être adoptées, le cas échéant en dehors des sessions, selon des modalités d'initiative et de discussion fixées par le règlement *du Parlement. À la demande de soixante parlementaires, le recours est de droit.*

Observations :

Modifications d'harmonisation.

ARTICLE 88-7   **MODIFICATIONS**

Par le vote d'une motion, le Parlement peut s'opposer à une modification des règles d'adoption d'actes de l'Union européenne dans les cas prévus, au titre de la révision simplifiée des traités ou de la coopération judiciaire civile, par le traité sur l'Union européenne et le traité sur le fonctionnement de l'Union européenne, tels qu'ils résultent du traité signé à Lisbonne le 13 décembre 2007.

Observations

Modifications d'harmonisation.

TITRE XVI

DE LA RÉVISION

ARTICLE 89 — MODIFICATIONS

L'initiative de la révision de la Constitution appartient concurremment *au président de la République et aux membres du Parlement.*

Le projet ou la proposition de révision doit être examiné dans les conditions de délai fixées au troisième alinéa de l'article 42 et voté *par le Parlement.* La révision est définitive après avoir été approuvée par référendum.

Toutefois, le projet de révision n'est pas présenté au référendum lorsque le président de la République décide de le soumettre au Parlement convoqué en Congrès ; dans ce cas, le projet de révision n'est approuvé que s'il réunit la majorité des trois cinquièmes des suffrages exprimés. Le bureau du Congrès est celui *du Parlement.*

Aucune procédure de révision ne peut être engagée ou poursuivie lorsqu'il est porté atteinte à l'intégrité du territoire.

La forme républicaine du gouvernement ne peut faire l'objet d'une révision.

Observations :

Modifications d'harmonisation.

Du même auteur

La pensée politique de François Mitterrand, thèse de doctorat d'État en science politique, Université de Paris II, 1978.

Le Parti socialiste d'Épinay à Valence, 1971-1972, étude interne effectuée à la demande de François Mitterrand, alors Premier secrétaire du PS, 1982.

Pour une Europe puissance, Paris, Lanore, coll. « Essais politiques », 2005.

Lettre posthume à François Mitterrand, Paris, Lanore, coll. « Essais politiques », 2005.

Esquisse d'une démocratie nouvelle. Pour une éthique en politique, Paris Lanore, coll. « Essais politiques », 2007.

François Mitterrand, Paris, Ellipses, coll. « Les dates clés », 2012.

Pour une Europe souveraine. Ecrits et plaidoyers, Paris Lanore, coll. « Essais politiques », 2014.

Refondons nos institutions, d'une monarchie républicaine à une démocratie républicaine, Paris, Lanore, coll. « Essais politiques », 2016.

Le Droit électoral, Paris, Studyrama, coll. « Panorama du Droit », 2017.

De l'alternance au partage du pouvoir, Faut-il en finir avec nos modes de scrutin ? Paris, Bréal, 2017.

Coauteur avec Alexandre Desrameaux
Introduction à la science politique, Paris, Studyrama, coll. « Panorama du droit », 2015.

TABLE DES MATIÈRES